Faszination Kosmetik II

"Keine Kundin kommt zu Ihnen, um zu sparen!"

Perfektes Verkaufen – praktisches Marketing – verständliche Betriebswirtschaft

Paul Reinhold Linn
Dominik Bauermeister (Hrsg.)

Für Evelyn und Thomas

Danksagung:

Mein besonderer Dank für die Unterstützung zu dieser Arbeit geht an meine Freunde, Frau Evelyn Meißner und Herrn Thomas Pretschner, nach Dresden, die seit 3 Jahren mit Beharrlichkeit und Geduld auf die Fertigstellung dieses Buches gedrängt haben. Ihr seid die Besten!
Auch möchte ich mich auch auf diesem Wege für die sehr engagierten Impulse und den großartigen Gedankenaustausch mit Herrn Dominik Bauermeister besonders bedanken, der sehr viel eigene Erfahrungen in der Vermittlung von betriebswirtschaftlichen Seminarinhalten und persönlich Zeit zur Verfügung stellte. Nicht zuletzt möchte ich auch Herrn Rudolf Weyergans, aus Düren, für die Jahre der sehr guten Zusammenarbeit bedanken, die ebenfalls mindestens indirekten Einfluss auf die Entstehung dieses Buch genommen haben! Danke.

Vorwort Dominik Bauermeister

„Erfolg macht sexy" – Wer kennt diesen Spruch nicht? Ob er nun stimmt oder nicht, darüber ist es müßig, zu spekulieren. Aber „Erfolg macht Spaß" – das würde wohl jeder unterschreiben. Was kann es also sinnvolleres geben als mit Erfolg Spaß an seinem Beruf zu haben? Die alles entscheidende Frage ist dann nur, warum es UnternehmerInnen gibt, die bei nahezu gleichen Voraussetzungen, wie Lage, Sortiment und Leistungsangeboten, es deutlich erfolgreicher schaffen, ihr Business zu führen, als andere?

Es gibt Institute, die wir in bester Lage beliefern, beraten und begleiten, die extrem viel Kraft und Mühe investieren müssen, damit sie über die Runden kommen. Und es gibt eben auch solche, die mit eher mäßigen Voraussetzungen überdurchschnittliche Erfolge feiern. Für uns ist genau das die *Gretchenfrage*, was hier den Unterschied ausmachen wird.

Sind es die Berater, ist es der Lieferant? Ist es die Persönlichkeit der Unternehmerin oder des Unternehmers? Sind es die Mitarbeiter, oder sorgt der beauftragte Steuerberater für den Erfolg? ... Glauben Sie mir, wie gerne würde ich hier stehen und schreiben, dass es ausschließlich nur die verwendeten und angebotenen Produkte wären, die den Erfolg bestimmten.

Es ist soviel mehr, und es ist sicher auch sehr komplex. Vielleicht lässt es sich so umfassen: *Es* scheint die Kombination aus den richten Überlegungen, den richtigen Strategien, sinnvollen Konzepten, dem perfekten Auftritt, einem optimalen Marketing, sicher auch großartigen Produkten, gute betriebswirtschaftliche Kenntnisse und eben auch einer überzeugenden Persönlichkeit zu sein.

Für uns als Top-Level-Lieferant im Bereich der Dermokosmetik ist nicht alleine die Platzierung unserer Produkte in einem Institut wichtig. Sehr viel wichtiger ist der zu erreichende Erfolg, den eine Kosmetikerin oder ein Kosmetiker umsetzen kann. Mittlerweile sind unsere Mitarbeiter viel mehr Unternehmensberater als dass sie über Produkte zu beraten hätten.

Vor 2 Jahren starteten wir die Zusammenarbeit in unserer Akademie mit dem Autor dieses Buches – Paul Reinhold Linn. Seit vielen Jahren ist er in der Kosmetik als Verkaufstrainer aktiv, und sein bester Ruf eilte ihm voraus. Wir haben ihn auf Herz und Nieren geprüft. Viele unserer Kunden erlebten ihn bereits in der Seminararbeit, allesamt waren und sind begeistert! Seine Arbeit ist sehr speziell. Er bewegt, fordert heraus, ist charmant und setzt sehr klug seine Marker. Mit seiner Art, die nicht kopierbar ist, schafft er Nachhaltigkeit.

Was liegt also näher, als Herrn Linn zu einem neuen Buchprojekt zu bewegen? Die große und ausserordentlich positive Resonanz, die ihm bei seinem ersten Buch zuteil wurde, hat Paul Reinhold Linn bewogen, diesem Wunsch nachzukommen. Ich freue mich riesig, dass Sie nun mit diesem Buch das Ergebnis einer sehr umfangreichen Arbeit in Ihren Händen halten.

Lesen Sie, studieren Sie. Verschaffen Sie sich den Durchblick in die wichtigsten Themen, wie dem des Verkaufens, dem Marketing und der Betriebswirtschaft. Und Sie werden sehen, der Erfolg wird sich auch bei Ihnen um so deutlicher einstellen.

Sind Sie erfolgreicher, dann sind wir es auch! Aus unserer Sicht gibt es nur diesen *gemeinsamen* Weg. Gerne verhelfen wir Ihnen zu mehr Freude und Erfolg in Ihrem großartigen Beruf. Wir machen beinahe fast alles möglich, Hauptsache es funktioniert.

In diesem Sinne wünsche ich Ihnen sehr viel Spaß und beste Lernunterhaltung bei der Lektüre dieses neuen Buches. Dieses Buch ist Motivation und Training in einem. Dieses Buch ersetzt wahrscheinlich keine notwendige Seminararbeit, aber es ist ein wundervolles Medium zur Steigerung der Nachhaltigkeit und der Freude am Unternehmertum.

Ihnen persönlich wünsche ich viel Erfolg,
Oberhaching, Mai 2013

Ihr
Dominik Bauermeister
Vorstand der REVIDERM AG

Vorwort Rudolf Weyergans

„Eine gute Kosmetikerin, die eine schlechte Geschäftsfrau ist, macht immer schlechtere Geschäfte als eine schlechte Kosmetikerin, die eine gute Geschäftsfrau ist."

Diese Binsenweisheit ist genauso weit verbreitet wie *falsch*! Richtig ist: Verkaufen kann und muss man lernen. Und hierfür braucht man einen Lehrer, der das Handwerk des Verkaufens versteht.

Paul Reinhold Linn, der dieses Buch geschrieben hat, ist ein solcher. Er ist ein begabter und erfahrener Verkaufstrainer, der für seine Arbeit bereits zahlreiche Auszeichnungen erhalten hat. Mehr als das ist er auch ein ausgewiesener Experte und intimer Kenner der Kosmetikbranche. Er kennt die Abläufe in der Kabine und im Institut. Er kennt die Sorgen und Nöte, die viele Kosmetikerinnen haben. Er spricht unsere Sprache. Er ist einer von uns!

Wie kein zweiter ist der Autor dieses Buches in der Lage, sein profundes Wissen in höchst verständlicher und sogar kurzweiliger Form weiterzugeben, - stets entlang des realen Institutsalltags und stets entlang praktischer Anleitungen. Das führt sofort zum Erfolgserlebnis.

Kosmetikerinnen, die an seinen Seminaren teilgenommen haben, wurden von der Psychologie des Verkaufens und den Erkenntnissen über die Hintergründe menschlichen Handels fasziniert und produzieren umgehend steigende Umsätzen und Gewinne.
Eine weitere Wirkung des Trainings ist die deutliche Professionalisierung der Kursteilnehmerinnen und Kursteilnehmer, ohne dass dabei der ganzheitliche Ansatz unseres Berufsethos über Bord geworfen wird. Im Gegenteil:

„Eine gute Kosmetikerin ist erst dann eine gute Kosmetikerin, wenn Sie gelernt hat, den hohen Nutzen Ihrer Produkte und Anwendungen ins richtige Licht zu rücken und ihr Institut profitabel zu führen".

Aus eigener Anschauung kann ich sagen: „Linn lohnt sich!"

Dieses Buch *nicht* in die Hand zu nehmen und sich *nicht* für das Wissen über das, was sich unter der Oberfläche tagtäglich im Institut abspielt, zu interessieren, wäre unterlassene Hilfeleistung sich selbst gegenüber.

Also lassen Sie mich in diesem Bild als Ersthelfer mit Freude meine Arbeit tun: Dieses Buch ist ein Muss! Sehr wahrscheinlich wird es das Standardwerk in Aus- und Weiterbildungen in der kosmetischen Branche.

Als Lieferant- und Innovationspartner der Kosmetikbranche arbeiten wir jeden Tag in vielen Instituten mit top-Mitarbeitern und mit viel Energie daran, mit Ihnen zusammen zu den Besten zu gehören.

Die Felder sind bestellt. Jetzt liegt es bei Ihnen. Lesen Sie, lernen Sie, fordern Sie uns. Unsere Unterstützung ist Ihnen sicher!

Alles Gute aus dem Rheinland,
Düren, Mai 2013

Ihr
Rudolf Weyergans
Vorstand der Weyergans High Care AG

Der Wandel der kosmetischen Ziele in den letzten 20 Jahren

Während noch vor wenigen Jahren die Hautpflege und die Dekoration im Vordergrund einer kosmetischen Behandlung standen, ist nunmehr die gezielte und spezialisierte Verjüngungsmaßnahme gefragt und wird für die selbstständige Kosmetikerin von immer größerer Bedeutung.

Zum einen ist die reine Anwendung von Präparaten durch eine ausgefeilte Kombinationen von Apparatetechnik und Kosmetik erweitert worden. Und zum anderen hat diese Entwicklung wiederum die Kosmetika-Hersteller zu neueren Höchstleistungen in Sachen Produktentwicklung angeregt. Die Gemeinsamkeit in beiden Entwicklungen ist die *direkte* Reparatur von Hautbildern. Diese Veränderungen der kosmetischen Strategie macht Kosmetik noch anspruchsvoller und lässt die Ergebnisse *unmittelbarer* sichtbar werden.

Mittlerweile hat sich der Fachbereich Kosmetik in drei Hauptbereiche entwickelt: Der erste umfasst die Entspannung und Wellnessangebote. Dazu gehören Ayurveda oder Massagen, Hot Stone und Aromabehandlungen; die zweite Richtung ist das große Gebiet der Hautverjüngungsmaßnahmen. Eher nur noch nebenbei wird der dritte Bereich, die *Dekorative Kosmetik*, betrieben. Sie ist sozusagen ein *Nebenprodukt*. Dies bedeutet hier im Wesentlichen, dass der Ertrag in Sachen Dekorative fehlt. Die Kundin zu schminken ist eher etwas Abrundendes, sozusagen neben der eigentlichen Behandlung bzw. im Anschluss als *Zugabe* an die Kundin zu verstehen.

Fußpflege und Nageldesign bringen vermeintlich schnell die Kundin ins Geschäft und damit den ersehnten Umsatz, aber bei genauerer betriebswirtschaftlicher Betrachtung fällt auf, dass hier ein Gewinn aus erzieltem Umsatz abzüglich aller Material- und Nebenkosten nicht erzielt werden kann!

Da der Bereich der Kosmetik vorwiegend von Frauen ausgefüllt wird, wurde zur sprachlichen Vereinfachung in dieser Publikation vorwiegend die weibliche Form gewählt. Im Sinne der Gleichstellung sind aber i. d. R. sowohl Frauen als auch Männer gemeint.

Vor 20 Jahren gab es nur die pflegende Kosmetik und die allgemeine Fußpflege. Gegenwärtig wirkt das Leistungsspektrum der Kosmetikerinnen nicht wirklich eindeutig und erinnert leicht an ein *Bauchladenangebot*. Nimmt man zehn Kosmetikerinnen bzw. deren Institute und vergleicht sie miteinander, so wird es nicht überraschen, dass die zehn Damen jeweils verschiedene Methoden und Angebote gestalten.

Es kann gute Argumente geben, dass eine Kosmetikerin tatsächlich breit ihre Dienstleistungen anbieten kann. Aber das Problem wird sie auf der Einkommensseite spüren, wenn sie beispielsweise feststellt, dass für eine 30- bis 45-minütige Fußpflegearbeit maximal 20 bis 22 Euro zu erzielen sind. Die meisten Kosmetikerinnen bieten die Fußpflege deutlich unter 18 Euro pro Behandlung an.

Beim Nageldesign ist die Kosmetikerin in der Regel zwischen ein bis anderthalb Stunden beschäftigt. Und die meisten nehmen Preise bis maximal 35 Euro. In seltenen Ausnahmefällen nimmt mal eine Kosmetikerin 45 Euro für das Design. So oder so ist aber die Kostendeckung mangelhaft oder, um es in deutlicheren Worten zu schreiben, gar nicht vorhanden!

»Wir Kosmetikerinnen müssen uns sehr früh entscheiden, was wir wollen: Wollen wir alles anbieten, oder darf es auch eine Spezialisierung sein?«, so eine sehr anerkannte Kollegin aus Dresden.

Aus unserer langjährigen Begleitung von erfolgreichen Kosmetikerinnen können wir nur sagen, dass mit zunehmender Spezialisierung die Ertragsseite bzw. der Erfolg an der Kundin und mit der Kundin im eigenen Portemonnaie wächst. Spezialisierung heißt dann aber in aller Konsequenz auch, sich von dem ein oder anderen Leistungsangebot zu verabschieden!

Irgendwann werden Sie bemerken, dass Sie für die Kundinnen zwar gerne Nageldesign und Fußpflege machen und anbieten, dann aber kein ausreichendes Geld dafür einnehmen können. Sie brennen mit der Zeit tatsächlich aus. Und das sagen wir aus eigener Erfahrung: Es tut immer etwas weh, sich von altgewohnten Vorlieben zu verabschieden. »Mir macht

Nageldesign wirklich Spaß, aber kaufmännisch betrachtet ist es nicht wirklich sinnvoll!«, so eine Kollegin aus Düsseldorf.

Bitte verstehen Sie uns nicht falsch: Sie dürfen beispielsweise auch die dekorative Arbeit als Vorliebe ausleben. Dann aber bitte richtig. Es wäre noch nicht einmal zwingend, eine Visagisten-Ausbildung zu absolvieren, da die meisten Firmen interne Schulungen anbieten und zertifizieren! So sind bei einer Make-up-Beratung pro Sitzung tatsächlich 50 bis 200 Euro zu erzielen, wenn man es professionalisiert. Dann aber ist Dekorative nicht allein Handarbeit, sondern eine Verbindung aus Know-how, Handarbeit und Beratungsleistung bzw. Ausstattung. »Ich muss zwar alles als Kosmetikerin können – aber keineswegs alles machen!«, nochmals die Kollegin aus Dresden.

Gehen Sie einmal mit offenen Augen durch Ihre Stadt und schauen Sie sich bei Kosmetikerinnen und ihren Schaufenstern um. Dann sehen Sie sehr häufig Werbungen für Fußpflege, Nageldesign und Kosmetik in den Schaufenstern sowie nahezu alle Produkte zur Fußpflege ausgestellt. Würden Sie dann noch als Kundin diesen Laden betreten, wenn Sie anspruchsvolle Kosmetik suchen? Spricht Sie das wirklich an?

Die Problematik entsteht meistens beim Start in die eigene Selbstständigkeit. »Wenn ich Zahnschmerzen habe, dann gehe ich nicht zum Internisten!« ... Dies bedeutet für uns:

Wenn wir *alles* an Leistungen anbieten, finden uns die Kundinnen nicht!

Oder anders gefragt: Welchen Kundenkreis möchten Sie eigentlich ansprechen?

Keine Kundin kommt zu Ihnen, um zu sparen!

Es kursiert eine unsinnige Idee seit vielen Jahren in der Branche. Viele, sehr viele Kosmetikerinnen scheinen zu glauben, dass die Höhe des Preises der angebotenen Dienstleistungen und Waren direkt umgekehrt proportional für den Geschäftserfolg einer Kosmetikerin verantwortlich wäre. Je höher die Preise der Angebote sind, desto weniger Erfolg stellt sich ein. Oder umgekehrt formuliert: Je niedriger ein Preisangebot wird, desto mehr Kunden nehmen solch ein Angebot an.

Hier gibt es viele Erklärungsmodelle, warum oder woher eine solche Einstellung (auf-)kommt. Ganz sicher ist eines schon zu beschreiben:

Die vollausgebildete Kosmetikerin hat das Fach *Verkaufen* nie erlernt.

Ein anderer Umstand ist ebenfalls heikel: Sie kann nicht nur *alles* rein fachlich anbieten, sie macht es auch! Von der Fußpflege über das Nageldesign, von der künstlichen Wimpernverlängerung über die Massagen bis hin zur Kosmetik. Grundsätzlich ist nichts dagegen einzuwenden, das Problem ist nur, dass bei schwachen Verkaufsleistungen dann doch lieber die Leistungen (erst) verkauft werden, die nur geringe Beträge einspielen. Dies bedeutet, dass zum schwachen Verkaufstalent auch noch die praktische *Erfahrung* hinzukommt, dass der Umsatz am besten über die Niedrigpreisschiene zu erzielen ist.

Und wenn sich hieraus noch ein Glaubenssatz manifestiert: »Kunden akzeptieren nur billig«, dann steht die anspruchsvolle Kosmetik in den Regalen bzw. im Lager wie Blei. Es verkauft sich die Fußcreme und der Nagellack, aber Produkte, die mehr als 40 Euro kosten sollen, lassen sich nicht verkaufen.

Die letzte wichtige Beobachtung ist die, dass dort am meisten Erfolg erzielt wird, wo ein *Konzept* vorhanden ist und am deutlichsten für die Kundinnen sichtbar präsentiert wird. Ein fehlendes Konzept lässt unsere Arbeit willkürlich erscheinen. Hierzu aber später mehr.
Hinzu kommt bedauerlicherweise, dass das Problem für die Kosmetikerin sich immer mehr verschärft, denn der Bereich der Fuß- und der Nagelpflege bringen mehr Ausgaben als Einnahmen.

Was macht eine Kundin, die bei der Kosmetik sparen muss?

... Na, ganz einfach: Sie kommt nicht zu Ihnen!

Warum nicht? Na, weil sie sicher auch andere Bezugsquellen, wie Drogeriemärkte, Parfümerien oder Apotheken, für gute Kosmetika aufspüren kann und selber ohne fremde Hilfe die Präparate anwenden wird.

Eine Kundin in Geldnot würde niemals zu einer Kosmetikerin gehen. Niemals!

Jetzt sehe ich schon einige Leserinnen, die schnauben: »Der Linn hat keine Ahnung! Ich habe ständig solche Kunden, die jammern, dass sie sich meine Angebote nicht leisten können.« Ja, das glaube ich mit Ihnen. Aber ich bin der festen Überzeugung, dass manche Kundinnen mit uns ein wenig *spielen*!

Und wenn ich *spielen* schreibe, dann nicht, um das Verhalten der Kundinnen zu banalisieren. Ich bin aber zutiefst davon überzeugt, dass uns Kunden sozusagen auf Herz und Nieren prüfen, ob wir wirklich wissen, was wir können und was wir wollen.

Kunden lesen an der Art und Weise unserer Antwort auf eine direkte Infragestellung (»Ich weiß nicht, ob das Produkt für mich das Richtige ist!«) ab, ob unsere Empfehlungen nicht mehr als *Versuche*, zu verkaufen, sind oder ob es sich um unverzichtbare, also dringende Notwendigkeiten für die Haut handeln wird.

Eine indirekte Infragestellung ist so etwas wie: »Ich habe noch genügend andere Produkte zuhause, mit denen ich bestens zufrieden bin!« oder: »Ich war jetzt einmal bei einer Kosmetikerin, die war ganz großartig!« Die indirekte Infragestellung ist nicht immer leicht zu erkennen. Zumal wir uns oder unser Produkt abgewertet fühlen, können wir kaum auf den eigentlichen Hintergrund der Frage kommen und eingehen. Es geht hier immer um die Frage nach dem *Wozu* und den unausgesprochenen Appell: »Sagen Sie mir bitte, Frau Kosmetikerin, was ist bei Ihnen (oder an Ihrem Produkt) besser als bei anderen?«

Jede Kundin weiß sehr genau, dass die Dienste einer Kosmetikerin auch ihren Preis haben *müssen*! Kosmetik ist für niemanden wirklich lebensnotwendig – aber immer hat es etwas mit Luxus bzw. dem Konsum von Luxus zu tun!

Jede Kundin, die zu Ihnen kommt, will Geld ausgeben! Am liebsten ganz viel, denn dann weiß sie auch, dass sie das Beste für ihr Geld bekommt. Voraussetzung ist hier, dass sie Ihnen *zutraut*, dass Sie die Beste in Ihrem Fach sind und dass Sie wissen, was Sie wollen und können!

Apropos Luxus: Stellen Sie sich folgende Situation einmal vor. Sie sind mit Ihrem Mann bereits schon seit vielen Jahren zusammen und leben glücklich und zufrieden. So weit, so gut. Eines Abends spricht Sie Ihr Mann an und verkündet, dass Sie sich bitte morgen Mittag bereithalten sollen, weil er für Sie eine freudige Überraschung in der Stadt vorhalte. Der zehnte Hochzeitstag steht an, und er möchte mit Ihnen shoppen gehen. Sie werden ganz unruhig: Was hat er nur vor, der ist so verrückt. ... Das braucht er eigentlich nicht. Das Geld könnten wir für den Urlaub sparen.
Vielleicht wird es eine tolle Uhr, ein großartiges Kleid, Schmuck oder eine Reise? ...

Am nächsten Mittag holt Ihr Mann Sie ab, lädt Sie in sein Auto, fährt ins zentrale Parkhaus in die Stadt und unversehens befinden Sie sich in der Fußgängerzone mit Ihrem Mann. Er läuft strammen Schrittes mit Ihnen quer über den Platz auf den Juwelier zu. Das Schaufenster kommt schnell auf Sie zu. Ihr Herz klopft. Sie sind ganz aufgeregt. Da kommt Ihr Mann mit Ihnen vor dem Schaufenster zu stehen, zeigt in die Auslage und sagt: »Hier meine Liebe, schau einmal, dieser Silberring, da, dieser für 65 Euro, dieser Ring, ist der nicht wunderschön? ... Mein Geschenk zum Hochzeitstag!«

Geben Sie es zu, selbst Sie, die Sie nicht materiell veranlagt sind, Sie würden vor Scham und Entsetzen im Boden versinken. Sie hätten gut und gerne den Hochzeitstag auch ohne Geschenke verbringen können. Und Sie wissen auch, dass die Beziehung auf anderen Säulen steht. Aber dieses Ansinnen Ihres Mannes – ohne Not – würde Sie sehr wahrscheinlich umhauen.

So oder so, ähnlich ergeht es einer Kundin, die bei einer Kosmetikerin zu billige Produkte sieht oder, schlimmer noch, angeboten bekommt.

Ein Juwelier muss sich entscheiden, welchen Käuferkreis er ansprechen will! Es werden sicher auch Ringe für 65 Euro gut zu verkaufen sein, dann aber wahrscheinlicher für ein junges spontanes Publikum. Garantiert wird er aber diesen Ring nicht neben dem Collier für 8.000 Euro platzieren.

Wählen Sie anspruchsvolle Kosmetik, so werden Sie die anspruchsvolle Kundin ansprechen. Setzen Sie auf ein sehr preiswertes Sortiment, wird zum einen die anspruchsvolle Kundin sich mit ihren Ansprüchen nicht bei Ihnen wiederfinden und zum anderen die Art von Kundinnen sich um Sie versammeln, denen Ihre Arbeit und Ihre Produkte nicht ganz so viel wert zu sein scheinen. ... Und diese zweite Art von Kundinnen wird Ihnen permanent vorjammern, dass Sie immer noch zu teuer wären!

Das Verblüffende ist, Kundinnen lieben es, wenn Sie erfolgreich sind!

Prüfen Sie Ihre Preisgestaltung und erhöhen Sie nach Möglichkeit Ihre Preise der Behandlungen mindestens um 25 Prozent, und Sie werden feststellen, dass Ihre Kundinnen weder meckern noch fernbleiben. Sie werden wahrscheinlich einfach nur um 25 Prozent heller erstrahlen und 25 Prozent mehr Freude und Erfüllung in Ihrer Arbeit finden.

Wetten?

Hätten Sie es gewusst?

Es ist nicht so leicht, an brauchbare Zahlen zu kommen, um zu erfahren, wie viele Kosmetikerinnen es insgesamt in Deutschland gibt. Die letzte Erhebung hat ca. 21.000 Kosmetikinstitute (Forschungsinstitut Württemberger 2010) gezählt. Die Zahlen von Kosmetik International (KI) und der Handwerkskammer aus 2011 (siehe Grafik) lassen vermuten, dass augenblicklich um die 50.000 Kosmetikerinnen (und Nagel-Designerinnen) in Deutschland aktiv um die Kundschaft werben. Der Unterschied beider Zahlen lässt sich wahrscheinlich damit begründen, dass eine Kosmetikerin nicht zwangsläufig mit einem Institut starten wird. (Auch ist die Definition von Institut nicht klar definiert!) Etwas mehr als 6.000 Kosmetikerinnen und Nagel-Designerinnen kommen jedes Jahr in den Markt hinein. Von denen schaffen es augenblicklich etwa 5.000 Kosmetikerinnen nicht, die ersten 18 Monate als Unternehmerinnen zu überleben.

Zuwachs mehr als 6.000 Kosmetikerinnen pro Jahr

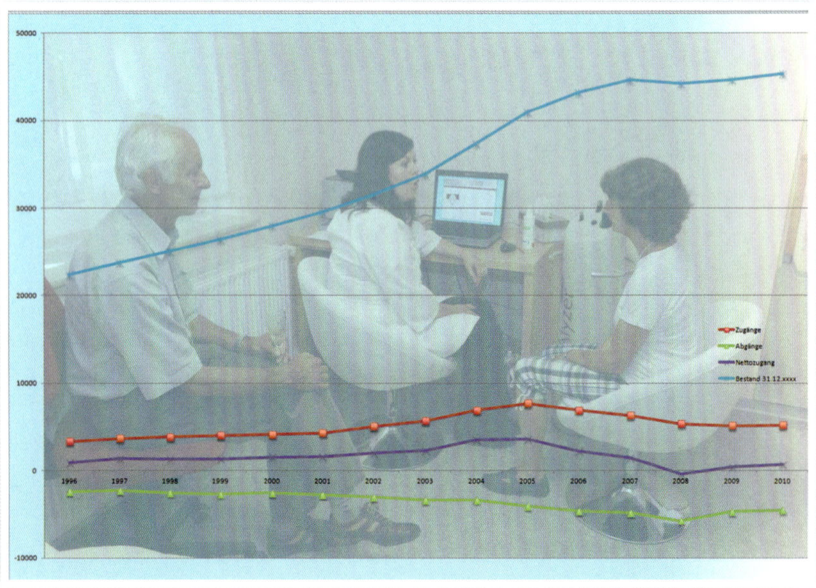

Betrachten Sie die zweite Kurve, so können Sie anhand der Zahlenwerte, die 2011 erhoben wurden, leicht hochrechnen, dass augenblicklich ca. 90 Prozent der Neugründungen aufgeben müssen. Von derzeit zehn gestarteten Unternehmungen schafft es nur eine, am Markt zu bleiben.

Das ist ein dramatischer Befund. Meinen Sie nicht auch?

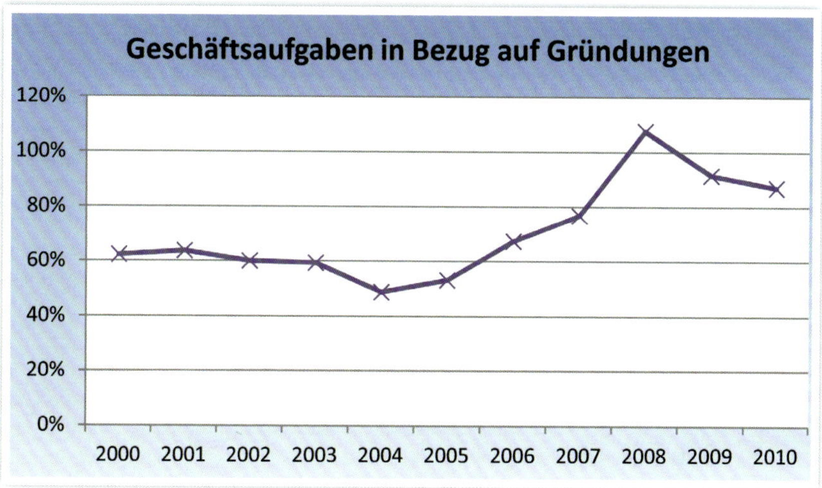

Das Forschungsinstitut Württemberger hat 5.000 Kosmetikerinnen stichprobenartig befragt. Über die Hälfte der Befragten gaben an, dass sie mehr als 30.000 Euro Umsatz pro Jahr erzielen. Die andere Hälfte aber schafft das **nicht!**

Ob Sie es glauben oder nicht, nicht alle Kosmetikerinnen realisieren den Unterschied zwischen Umsatz und Gewinn! Ein Jahresumsatz von 30.000 Euro hört sich nach viel an, aber sie werden staunen, was hiervon am Ende aller Abzüge aus Einkauf, Betriebskosten, Sozialversicherungen und Steuern übrig bleiben wird.

Weiter fanden die Forscher heraus, dass drei Viertel des Umsatzes mit der Dienstleistung und ein Viertel mit der kosmetischen Ware erzielt wird. Diese

Verteilung beschreibt deutlich das Problem der Kosmetikerinnen. Es ist der Verkauf!

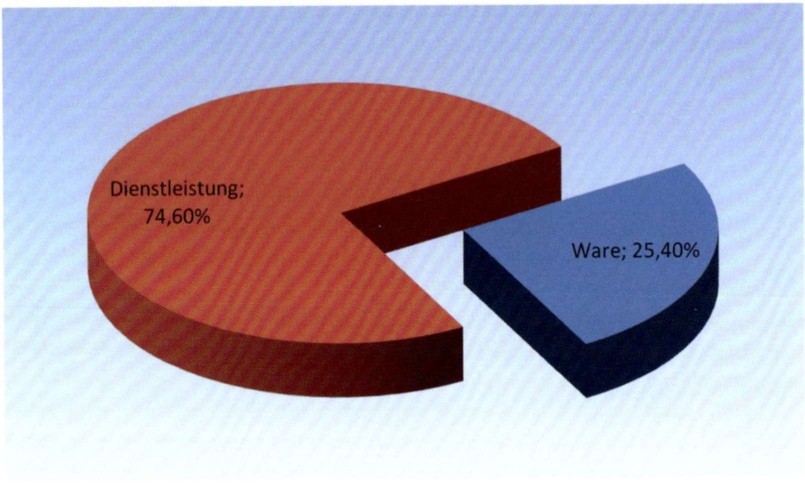

Nehmen wir einmal die 30.000 Euro Gesamtumsatz, dann bedeutet dies, dass etwa 22.500 Euro mit Dienstleistung, wie Behandlungen und Pflege, und circa 7.500 Euro lediglich durch Warenverkauf, also durch Verkauf von Kosmetika (brutto, inkl. MwSt.) erreicht werden. Nach meinen Erfahrungen kalkulieren Kosmetikerinnen ihren Stundensatz nicht kostendeckend. Die meisten arbeiten für einen Stundensatz von 30 Euro oder weniger. Wenn sie aber nicht kostendeckend mit Ihrem Stundensatz arbeiten, dann kann auch kein Gewinn aus der Dienstleistung am Ende übrig bleiben! Konkret bedeutet dies angesichts unserer Grafik, dass 74,6 Prozent des Umsatzes keinen Gewinn vor Steuern abwerfen. Bei gutem Einkauf und korrekter Kalkulation der Verkaufsware bringen die 7.500 Euro Umsatz einen Gewinn von ca. 3.150 Euro vor Steuern ein.

So kommt es, dass in der Gesamtbetrachtung aller Kosmetikerinnen im Durchschnitt in Deutschland tatsächlich nur 700 Euro im Monat als Einkommen erwirtschaftet werden.

Stellen Sie sich vor, es gäbe einen Mindestlohn für Kosmetikerinnen. Dann wären aber 700 Euro nicht hinnehmbar, oder?
Wer viel arbeitet, sollte auch viel verdienen! Wenn das trotz der vielen geleisteten Arbeit nicht hinkommt, dann läuft etwas mächtig falsch! Und wenn etwas falsch läuft, dann **muss** es geändert werden.

Dass es auch anders geht, zeigen die Forscher von Württemberger mit einer kleinen Gruppe der befragten Kosmetikerinnen auf: 12,8 Prozent der befragten Kolleginnen und Kollegen liegen mit ihrem Jahresumsatz über 100.000 Euro.

Überprüfen Sie bitte einmal Ihre Kalkulationen. Nehmen Sie bitte für jede Minute einen Euro für Ihre Dienstleistung (ohne Wareneinsatz). So bringt also eine Stunde mindestens 60 Euro. Das macht Sie nicht reich, aber sie machen auch keine Verluste.
Machen Sie sich klar, dass alles unter einem Euro die Minute Sie letztendlich *Ihr* Geld kostet. Sie zahlen drauf, arbeiten viel ohne Gewinn und schlussendlich leidet Ihre Motivation und Ihre Persönlichkeit, und Ihre Kunden spüren das und bleiben am Ende weg. ... Aber nicht deswegen, weil Sie zu teuer waren.

Als nächstes Ziel peilen Sie ein Umsatzverhältnis von Dienstleistung zu Warenverkauf von 50 : 50 an. Dies bedeutet, dass Sie beispielsweise für 60 Euro behandeln und dann bitte auch für 60 Euro Ware gleichsam verkaufen möchten, damit die Kasse und der Gewinn stimmen!

Die eine oder der andere wird jetzt einwenden, dass die Preise pro Behandlungstermin damit zu stark steigen und das eigene Angebot zu teuer für die Kunden würde. Sie werden noch in diesem Buch lernen, dass dieses „zu teuer" nicht stimmen kann.

Es kostet den Kunden tatsächlich mehr, aber der Kunde bezahlt dies auch, wenn das Konzept und Ihre Behandlungserfolge stimmen! Machen Sie sich deutlich, dass ein zu billig niemals zum Erfolg führen kann. Denn Hand aufs Herz: Die meisten von uns nehmen viel zu wenig Lohn für ihre Arbeit an der Kundin ein. Und genau diese Kolleginnen haben die größten Probleme damit, Kundinnen zu gewinnen, zu halten und an sich zu binden.

Ihr Erfolg kommt aus der Ware!

Kennen Sie das? Sie arbeiten und arbeiten, und am Ende will einfach nichts als Gewinn nach Abzug von Steuern, Versicherungen, Einkauf und Betriebskosten übrig bleiben? Selbst wenn Sie zu den wirklich wenigen gehören, die tatsächlich 60 Euro als reinen Stundenlohn ohne Wareneinsatz erzielen, können Sie so viel arbeiten, wie sie wollen: Es macht kaum glücklich, weil gerade nur die Gemeinkosten gedeckt werden. Sie machen keine Verluste, aber Gewinne eben auch nicht. Und noch eins: Machen Sie sich klar, dass Sie am Tag kaum mehr als sechs Arbeitsstunden wirklich produktiv – dies bedeutet durch Kunden bezahlt – ausgelastet sind. Was ich damit sagen will, ist, dass Sie Ihre Zeit pro Tag nicht beliebig vermehren können. Mehr zu verdienen durch mehr Einsatz am Tag bringt Sie nur an den Rand Ihrer körperlichen und seelischen Möglichkeiten, aber der Verdienst lässt sich so nicht steigern. Auch schon deswegen, weil sich auch ihre Kostensituation parallel zum Arbeitsaufwand mit steigernd entwickelt.

Um es klar und deutlich genug zu schreiben:

Nur durch den sehr guten Verkauf von Produkten lassen sich überhaupt Gewinne – Ihre Erfolge – erzielen!

Seltene Ausnahmen von Starvisagisten sind bekannt und widerlegen diese Aussage keineswegs! Schauen Sie sich nur die ganzen Nagelstudios an. Die allerwenigsten haben sich so gut spezialisiert und aufgestellt, weswegen sie für 29 Euro in 90 Minuten Nägel aufbauen, modellieren und dekorieren. Sie gewinnen nichts! Sie zahlen nur drauf. Die meisten wissen es nicht rechtzeitig. Dieses Gewerk ist für die erzielten Einnahmen nicht rentabel zu betreiben. Selbstverständlich können Sie als Kosmetikerin auch Nageldesign anbieten, aber Sie müssen nur klar erkennen, dass ein solches Angebot nur dann Sinn ergibt, wenn andere Einnahmequellen sich durch diese Arbeit erschließen lassen! Vielleicht sind solche Kundinnen so dankbar, dass Sie bei Ihnen auch weitere Angebote – zum Beispiel aus der Kosmetik – nutzen möchten?

So verhält es sich auch mit der bereits weiter oben beschriebenen Situation der Fußpflege. Vielleicht bieten Sie diese Fußpflege nur noch den guten Kundinnen an, die auch andere Leistungen bei Ihnen beziehen. Ansonsten wird es für Sie sehr unerfreulich werden oder bleiben!

Denken Sie sich bei günstiger Kostensituation Ihres Unternehmens mal einen Gewinn vor Steuern nur durch Ihre Dienstleistung pro Stunde von zehn Euro. Das wäre ein tolles Ergebnis. Für den Fall, dass Sie pro Woche an fünf Arbeitstagen eine beinahe Vollauslastung von 6 produktiven Stunden pro Tag erzielen, ergibt sich bei durchschnittlich 20 Arbeitstagen im Monat ein Gewinn vor Steuern von 1.200 Euro monatlich. Das ist ordentlich, aber nicht wirklich viel, wenn man bedenkt, was hiervon noch alles an Ausgaben und Versicherung abgeführt werden muss. Dennoch aber lägen Sie weit über dem Durchschnittseinkommen der allermeisten Kosmetikerinnen in Deutschland.

Mit anderen Worten: Sie müssten für dieses Ergebnis einen Umsatz bei Ihren Dienstleistungen von monatlich 7.200 Euro erzielen. Würden Sie sich entscheiden, nochmals den gleichen Umsatz (7.200 Euro) mit Hilfe Ihrer zu verkaufenden Ware zu erzielen, dann bliebe nach Abzug von Umsatzsteuer und den Beträgen für den Einkauf der Ware ein Gewinn vor Steuern von rund 2.300 Euro im Monat (plus 1.200 aus der Dienstleistung) für Sie übrig.

Glauben Sie mir, mit 3.500 Euro monatlich macht das Leben und die Selbstständigkeit deutlich mehr Spaß, macht selbstbewusster und bereitet deutlich mehr Freude als mit einem Lohn, der eher depressiv verstimmt, oder?

Das Potenzial steckt in Ihnen und in Ihren großartigen Produkten – nutzen Sie es ab sofort!

Was glauben Sie eigentlich?

Wir leben in ungewissen Zeiten, was die Weltwirtschaft und den Wert des Euros angeht. Kaum dass wir die Krisenjahre überstanden haben, da lassen Griechenland und Irland die Hüllen fallen und stellen sich unter den Euro-Rettungsschirm. Spanien und Italien melden auch schon einmal vorsorglich einen *Stehplatz* unter diesen Rettungsschirm an.

Niemand kann heute seriös eine Prognose für die finanzielle Entwicklung der Euroländer geben. ... Und in einer solchen Situation frage ich Sie: Was *glauben* Sie, wie sich der Markt für die Kosmetik entwickeln wird?

Haben Ihre Kunden in den nächsten Jahren genügend Geld für die Kosmetik? Geben die Kunden angesichts einer drohenden Währungskrise noch Geld für die Kosmetik aus? Was glauben Sie? Oder sparen die Kunden lieber das Geld? Was glauben Sie?

Kennen Sie das Thema Glaubenssätze? Glaubenssätze sind Formulierungen und Annahmen, die wir irgendwann übernommen haben und für wahr, meistens sogar für unabänderlich halten. So gibt es beispielsweise Menschen, die von sich selber erzählen, dass sie *Sonntagskinder* sind und immer das Glück wie mit einem Magneten anziehen. Sie ahnen schon, es kann doch nicht wirklich eine Rolle spielen, an welchem (willkürlich definierten) Wochentag ein Mensch geboren wird, so dass er Glück oder Pech in seinem Leben erfahren wird. So weit die logische Betrachtung. Interessant aber werden diese Aussagen von Sonntagskindern, weil sie schon sehr früh in der individuellen Entwicklung des Kindes *eingepflanzt* wurden. Die Mutter eines Kindes muss nur oft genug dem noch kleinen Kind erzählen, dass es ein Sonntagskind und daher etwas ganz Besonderes sei, und schon entsteht hieraus ein Glaubenssatz, der ungeheuer nachhaltig seine Wirkung bis ins hohe Alter eines Menschen zeigt. Und weil dieser Satz den Betroffenen bereits sein ganzes Leben begleitet, wird es umso schwieriger, diesen Glaubenssatz zu ändern oder loszuwerden.
Sie haben Recht, wenn Sie einwenden, dass man doch ruhig denken darf, dass man etwas Besonderes sei, weil man an einem Sonntag geboren ist. Solche Glaubenssätze sind nett und machen ein wenig selbstbewusst. Ja natürlich, es

darf so sein. Das Problem bei Glaubenssätzen ist nur dies, dass sie einerseits keinen besonderen Anspruch auf Wahrheitsgehalt hegen und andererseits unerbittlich grausam wirken, wenn sie negative Formulierungen enthalten.

So sind Formulierungen wie: »Ich kann nichts«, »Ich bin ein Versager!« oder »Ich habe immer Pech!«, eher noch harmlose Varianten. Stellen Sie sich einmal vor, dass jemand selbstständig arbeitet und tief davon überzeugt ist: »Ich bin nichts wert!«

Würde es sie sehr verwundern, wenn ich behaupte, dass ein solcher Unternehmer größte Schwierigkeiten haben wird, für sich gute Preise zu fordern? Wie soll jemand gegen seine tiefste Überzeugung, und dies sind Glaubenssätze, ankämpfen können, wenn sie weitestgehend durch viele Jahre der Prägung unbewusst – am Bewusstsein vorbei – wirken?

Denken Sie sich einen anderen Fall: Da gibt es ein junges Mädchen, welches, warum auch immer, glaubt, dass es nicht besonders hübsch ist. Sie glaubt, sie sei unattraktiv. Mit 16 oder 17 Jahren verliebt sie sich, doch die Liebe wird nicht erwidert. Sie glaubt also, dass sie nicht nur nicht attraktiv ist, sondern ebenfalls auch keine Liebe verdient. Diese Frau, sofern sie es nicht schafft, ihre Glaubenssätze zu verändern, wird das ganze Leben damit verbringen, zu glauben, dass sie keiner *wirklich* schön findet und keiner sie *wirklich* liebt!

Also zu Ihnen und Ihrer Berufung zurück. Was glauben Sie, warum kommt eine Kundin zu Ihnen? Was glauben Sie, macht Sie attraktiver als ca. 50.000 andere Kosmetikerinnen?

In einem Seminar erhielt ich einmal eine Antwort: »Das ist doch völlig egal, was *ich* glaube. Hauptsache die Kunden sind da und kaufen!« Auf den ersten Blick ist dies eine entwaffnende Antwort. ... Tatsächlich ist es so, dass es Kundinnen gibt, die beinahe unabhängig von der Kosmetikerin und deren Befindlichkeiten einfach einkaufen. Es gibt Kundinnen, die lassen sich nicht abschrecken! Und wenn es für Sie ebenfalls ausreichend ist, dass solche Kundinnen kaufen, dann soll es mir Recht sein.

Was glauben Sie, warum kommt eine Kundin zu Ihnen?

Und soll ich Ihnen etwas sagen – besser noch *schriftlich* geben? ... Die allermeisten Unternehmerinnen und Unternehmer können auf die Frage: Warum soll eine Kundin bzw. ein Kunde in mein Unternehmen kommen?, keine Antwort geben!

Kennen Sie das? Da besprechen Sie mit einer Kundin den Hauttypen und die Notwendigkeit von spezieller Hautpflege und Möglichkeiten der Hautverjüngung. Sie zeigen Ihre Produkte und arbeiten einen Behandlungsplan aus. Und dann fragt die Kundin: »*Warum soll ich eigentlich die Produkte von Ihnen nehmen?* Ich habe zuhause noch ganz tolle Cremes.« ... Na, wie oft fragt die Kundin so direkt?

Gar nicht? Selten? ... Vielleicht *fragt* die Kundin etwas subtiler: »Frau Kosmetikerin, danke für Ihre Mühe und Ihre Informationen. Jetzt werde ich mir aber noch eine zweite Meinung einholen. Sicher ist sicher!« ... Na, wie oft hören Sie so etwas? Wie oft kündigt die Kundin an, dass sie es noch einmal überdenken möchte und sie noch zu anderen Spezialisten will?

Stellen Sie sich vor, Ihre Kundin, die Ihnen ankündigt, Sie vergleichen zu wollen, sei mündig und müsse Sie nicht um Erlaubnis fragen, andere in den Vergleich mit einzubeziehen. Wozu also kündigt sie an, noch andere Meinungen hinzuzuziehen?

Ein Beispiel aus dem Leben verdeutlicht sehr gut, worum es hier *psychologisch* geht: Denken Sie sich ein Paar in fester Beziehung. Eines Tages eröffnet beispielsweise die Frau dem Mann: »Du, ich muss dir etwas sagen! Ich habe einen anderen Mann kennengelernt und ich möchte ihn wiedersehen!« ... Was glauben Sie, warum – oder besser noch – *wozu* eröffnet die Frau ihrem Mann diesen Umstand?

Einmal angenommen, der *neue* Mann sei ein so unglaublich guter und großartiger Mann. Und weiter angenommen, der *alte* Mann sei austauschbar. Wozu sollte diese Frau ihrem *alten* Mann gestehen, dass da jemand auf sie wartet?

Wenn die Frau wild entschlossen wäre, den Mann fürs Leben zu wechseln, so würde sie dem *Alten* gar nichts stecken. Sie würde bis zum letzten Augenblick und dann auf einen günstigen Moment warten, bis sie zur Tat schreiten und zum anderen wechseln würde, oder?

Kann es sein, dass diese Frau deswegen den Mann ins Bild setzen möchte, weil sie *indirekt* damit fragen will: »Erkläre du mir bitte, was uns (noch) verbindet?«

Und jetzt begreifen Sie sofort, warum die meisten *betrogenen* Partner den *Reisenden* nicht aufhalten können. Denn wenn nun der Mann in unserem Beispiel das tut, was alle tun, dann wird er etwa so reagieren: »Wie kannst du *mir* das antun? ... Warum gerade *ich*? ... *Ich* bin verletzt! ... Wenn du jetzt gehst, dann brauchst du nicht wiederkommen!« ...

Denken Sie weiter: Wenn die Frau wissen wollte, was aus Sicht des Mannes sie beide verbinden würde und sie jetzt nur erfahren würde, wie *verletzt* er sei. Was würde sie über die Bindung zwischen sich und ihrem Mann erfahren?

Statt zu begreifen, dass es der Frau auch nicht gut bei dieser Sache geht (sonst würde sie doch nichts erklären wollen), reagiert dieser betroffene Mann mit der moralischen Keule und nennt und kennt womöglich kein einziges Merkmal, was die beiden verbindet. ... Merken Sie etwas?

Sie fleht förmlich: »Sag du mir doch bitte, was uns aus deiner Sicht jetzt und in Zukunft verbindet und verbinden kann. Ich habe uns aus den Augen verloren. Ich bin haltlos. Bitte helfe mir, die richtige Entscheidung zu finden!« ...

Und jetzt übertragen Sie dieses Beispiel auf Ihr kosmetisches Institut. Die Kundin, die einen anderen Spezialisten *vor Ihnen* ins Spiel bringt, will lediglich *nur* wissen, was aus *Ihrer* Sicht das unschlagbare Argument zur Zusammenarbeit ist. Wie wird es der Kundin in Ihrem Hause ergehen?

Sind Sie und Ihre Mitarbeiter auf diese Fragestellung der Kundin wirklich vorbereitet? Warum soll die Kundin bei Ihnen kaufen?

Warum soll die Kundin in unser Geschäft kommen?

Ob Sie mir dies nun glauben oder nicht, aber tatsächlich sind in allen Seminaren die Teilnehmenden gerade mit dieser Frage am allermeisten überfordert. Können Sie sich das vorstellen? Ja, wenn denn diese Frage nicht *wesentlich* für den Erfolg – Ihren Erfolg – ist, welche Frage sollte wesentlicher sein?

Also dann wird gearbeitet: Machen Sie die folgende Übung bitte schriftlich! Schreiben Sie sich auf, an welcher Stelle, bei welchem Angebot oder welcher Dienstleistung Sie tatsächlich besser sind als Ihre Mitbewerber. Gibt es Produkte und/oder Behandlungen, die nur Sie haben? … Haben Sie womöglich Produkte und Konzepte, die in Ihrer Nachbarschaft von anderen Studios nicht angeboten werden können? Gibt es Produkte, die Sie alleinstellen können?

Eine Alleinstellung ist tatsächlich Geld und Gold wert. Nehmen Sie einmal an, Sie hätten *keine* Alleinstellung, dann verkaufen Sie lediglich über den Preis. Wollen Sie das? Oder anders: Hätten Sie dabei eine Chance?

Können Sie als Kosmetikerin etwas als Alleinstellungsmerkmal dem Kunden bieten? Haben Sie besondere Fähigkeiten oder Techniken gelernt? Verwenden Sie besondere Apparate oder Produkte? Verfügen Sie über besondere Erfahrungen oder arbeiten Sie mit eigenen Konzepten? Oder kann es sein, dass Sie vielleicht persönliche Alleinstellungsmerkmale leben und anbieten? … Denken Sie doch einmal darüber nach! Kann es sein, dass man nur wegen *Ihnen* in Ihr Geschäft kommt? Wenn dem so ist, was ist an Ihnen so besonders? Wenn Sie an dieser Stelle nicht innehalten und diese Übung nicht wirklich schriftlich machen, dann könnte es sein, dass Sie sich zum wiederholten Male beweisen werden, dass eine Veränderung in Ihrem Leben nicht wirklich funktionieren kann! Denn egal, was Sie glauben, Sie werden Recht behalten!

Hierzu gibt es eine berühmte Kurzgeschichte von Paul Watzlawick aus seinem Büchlein: »Anleitung zum Unglücklichsein«. Dieses Buch sollten Sie tatsächlich für den nächsten Urlaub als Lektüre einplanen.

Die Kurzgeschichte heißt »Die Geschichte mit dem Hammer«.

Ein Mann will ein Bild aufhängen. Den Nagel hat er, aber nicht den Hammer. Der Nachbar hat einen. Also beschließt der Mann, hinüberzugehen und ihn auszuborgen. Doch da kommt ihm ein Zweifel: »Was, wenn der Nachbar mir den Hammer nicht leihen will? Gestern schon grüßte er mich nur flüchtig. Wie kann man einem Mitmenschen so einfach einen Gefallen abschlagen? Leute wie dieser Kerl vergiften einem das Leben. – Und dann bildet er sich noch ein, ich sei auf ihn angewiesen. Bloß weil er einen Hammer hat. Jetzt reicht's mir wirklich.« Und so stürmt er hinüber, läutet, der Nachbar öffnet, doch noch bevor er »Guten Tag« sagen kann, schreit ihn unser Mann schon an: »Behalten Sie doch Ihren Hammer, Sie Rüpel!«

Die wenigsten wissen, dass Watzlawick nicht nur als Experte und Wissenschaftler für Kommunikation, sondern auch als Psychoanalytiker tätig war. Wir können unterstellen, dass diese kleine Geschichte ursprünglich nicht als Witz gemeint sein kann! Ich meine mich schwach daran zu erinnern, dass tatsächlich diese Geschichte einmal als Sketch mit Vicco von Bülow, alias Loriot, verfilmt wurde. Ich gebe zu, dass diese Geschichte auch so etwas wie Witz hat. Was allerdings Watzlawick aus meiner Sicht völlig richtig beschreibt, ist das Phänomen, welches dieser beschriebene Mann bedient. Er *denkt* sich seinen Nachbarn förmlich zum *Rüpel*. Er denkt und grübelt so lange, bis er den Nachbarn genau an diese Stelle gebracht hat.
Denken wir uns, dass ein Mann absolut gut gelaunt zuhause in seiner Wohnung lebt. Alles ist gut. Jetzt klingelt es an der Türe. Noch in gut gelaunter Stimmung öffnet er, und da steht so ein wütender Mann aus der Nachbarschaft und *pfeift* ihn zusammen. Unser Mann kann noch nicht einmal die Tageszeit sagen, da wird er schon beschimpft. Was passiert? Er schimpft zurück, wird ungehalten und knallt am Ende noch die Türe ins Schloss. Ist das, was nun hier passiert, nicht genau das, was der Mann aus der Nachbarschaft, der den Hammer benötigte, vorhergesagt hat?

Kann es sein, dass wir am Ende immer genau das bekommen, was wir wollen und vorhergesagt haben?

Henry Ford wird zitiert mit folgender Aussage: »Du kannst glauben, dass dir das Projekt gelingt. Du kannst glauben, dass dir das Projekt misslingt. In jedem Falle aber wirst du Recht behalten!«

In der neuzeitlichen Physik können Sie nachlesen, dass Gedanken Realitäten formen. In der Esoterik *weiß* man dies schon lange. Und mittlerweile ist dies auch schon in der Medizin angekommen. (Buchtipp hierzu: »Intelligente Zellen« von Bruce Lipton). Und wenn Sie genau der Geschichte von Watzlawick lauschen, bestätigt er es ebenso.

Glauben Sie wirklich, dass Kunden, die zu Ihnen in Ihr kosmetisches Institut kommen, tatsächlich auf den Preis achten? – Dann haben Sie Recht! … Glauben Sie, dies sei völliger Blödsinn? Die Kunden wollen Luxus aus Ihren Händen und sind gerne bereit, für gute Arbeit auch gutes Geld zu geben. – Dann haben Sie *auch* Recht!

Verstehen Sie, was ich meine und welche Konsequenzen sich für Sie hieraus eröffnen? Sie sind am Zug! Sie sollten für sich Klarheit schaffen, was Sie eigentlich tun, was Sie wollen und was Sie glauben!

Also: Solange eine Kosmetikerin glaubt, dass die Kundinnen nur auf preisgünstige Produkte und Behandlungen aus sind, so lange wird sie auch nur solche Kundinnen anziehen und die Erfahrung machen, dass sie Recht mit ihrer Einschätzung hat, und wird frustriert auf die nächste Nachricht vom Steuerberater warten, der ihr wieder einmal erklärt, wie wenig Erfolg für sie übrig geblieben ist.

Erst dann, wenn Sie *bemerken*, dass diese Abhandlung stimmt, erst dann, wenn Sie *entscheiden*, dass Sie gutes Geld *verdient* haben, erst dann werden Sie auch die passenden Kundinnen bekommen. Nicht früher. Und dann erst verdienen Sie richtig und gut. Erst dann!

Denn: Wenn ich als Kunde wirklich sparen möchte – auch bei Kosmetik –, dann würde ich nicht zu Ihnen gehen, sondern selber die Präparate kaufen und anwenden. Sie sind doch blanker Luxus, oder?

Als Gegenprobe möchte ich Ihnen ein Gedankenexperiment anbieten, welches Sie bitte so gut als eben möglich gedanklich nachvollziehen sollten: Stellen Sie sich einmal vor, Sie würden alle Preise, die Sie hätten, mindestens um 50 Prozent reduzieren. Auch Ihre Behandlungskosten würden Sie nur noch für die Hälfte anbieten. ... Was würde dann tatsächlich in Ihrem Institut passieren?

Hätten Sie dann wirklich prallvolle Terminkalender? ... Wäre Ihr Depot dann leergekauft und leergefegt? ... Würden Kundinnen von weit her zu Ihnen anreisen, nur um Sie und Ihre Preise zu erleben?

Noch anders: Da bietet Ihnen jemand diversen Goldschmuck, Hals- und Armkettchen, zwei Ringe und eine Uhr für insgesamt 100 Euro an. ... Na, greifen Sie zu? ... Wahrscheinlich nicht. Warum nicht? Na, weil es Ihnen suspekt vorkommen muss. Entweder der Schmuck ist nicht echt oder möglicherweise Hehlerware. So oder so, Sie erahnen, dass man Sie übers Ohr hauen will.

Eine anspruchsvolle Kosmetik, die keinen anspruchsvollen Preis hat, kann unmöglich anspruchsvoll sein! ... Eine anspruchsvolle kosmetische Behandlung braucht schon der Glaubwürdigkeit wegen auch einen anspruchsvollen Preis! Das sind Sie sich selber schuldig.

Leuchten Sie nachts im Dunkeln?

Was macht Sie, was macht mich besonders? Welche innerseelischen Eigenschaften oder Eigenarten machen Sie, machen mich einmalig?

Vor einigen Jahren erhielt ich während eines zweitägigen Seminars in einem mittelständischen Unternehmen die schönste Antwort auf diese Frage: »Was macht Sie aus?« In diesem Seminar ging es unter anderem um Kommunikation und Kundenorientierung. In mehreren Arbeitsgruppen wurden verschiedene Grundsatzfragen zu Produkten, dem Unternehmen und den Mitarbeitern Mitarbeitenden erarbeitet. Und so war eine Gruppe mit der Frage beschäftigt, welche Besonderheiten dem Kunden in der Zusammenarbeit mit den Mitarbeitern Mitarbeitenden geboten werden können.

Interessant ist übrigens, dass (bisher) im Marketing der Begriff des *Alleinstellungsmerkmals* nur für Produkte, wenig für Unternehmen und überhaupt nicht für Menschen herangezogen wird.

So ist beispielsweise das Patent ein klassisches Alleinstellungsmerkmal für ein Produkt. Stellen Sie sich vor, es gäbe eine Kaffeetasse mit drei Henkeln. Und würde dieses Produkt nur von einem Hersteller produziert, dann wäre dieses Produkt *Tasse* ein Alleinstellungsmerkmal für diesen Hersteller. Würde dieses Unternehmen diese Tasse auch noch in einem bisher nie da gewesenen Verfahren herstellen, so wäre dieses Verfahren ebenfalls ein Alleinstellungsmerkmal für das Unternehmen. Oder die Art und Weise der Mitarbeiterführung könnte in diesem Unternehmen einmalig und damit ein Alleinstellungsmerkmal sein.

In diesem oben erwähnten Seminar ging es nun konkret um die Entwicklung *unserer persönlichen Alleinstellungsmerkmale*. Vielleicht wirkt diese Wortschöpfung auf Sie zu technokratisch?

Ziel dieser Entwicklung der **persönlichen Alleinstellungsmerkmale** war die mindestens gleichwertige Gegenüberstellung der Ergebnisse mit denen aus produkt- und firmenbezogenen Alleinstellungsmerkmalen.

Denn in jedem Unternehmen wird an der Positionierung des Unternehmens und der Produkte am Markt fortwährend gearbeitet. Oft wird dabei der einzelne Mitarbeitender in seinem Verhältnis zum Kunden schlichtweg übersehen.

Nachdem die ersten beiden Gruppen ihre Ergebnisse vorgetragen hatten, kam die dritte Gruppe an die Reihe. Ein Kollege aus diesem Team nahm Kärtchen und stellte einzeln die gefundenen Attribute vor: Da wurden Nennungen wie Fleiß, Sorgfalt, Ausdauer und Ehrlichkeit vorgestellt. Und wenn ich ehrlich sein darf, ich hörte nichts Unerwartetes, alles Bisherige entsprach dem Üblichen.

Aber dann: Mitten in seiner Präsentation stockte dieser Kollege und hielt inne. Er legte seine Kärtchen beiseite und stand noch einen Augenblick lang wortlos da. Dann sagte dieser Mann: »Ich bin ein Leuchtturm!« Erst noch recht zögerlich, dann wiederholte er den Satz deutlich lauter: »Ich weiß es, ich bin ein Leuchtturm!«

Einige der anderen Teilnehmenden reagierten irgendwie verlegen amüsiert. Er sprach weiter: »Ich stehe fest in der Brandung. Und wenn man vor lauter Gischt die eigenen Hände nicht mehr vor Augen sehen kann, dann gebe ich den Menschen, die mir nahe sind, Orientierung. Bei Wind und Wetter stehe ich gerade und weiche keinen Millimeter. Meiner Familie, meinen Freunden und meinen Kunden bin ich fester Halt!« Stellen Sie sich bitte einmal vor, *wen* Sie plötzlich vor sich sähen, wenn Sie einen Menschen treffen würden, der von sich sagt, dass er ein Leuchtturm sei?

Und wenn ich damals einen Hut im Seminar dabeigehabt hätte, ich hätte ihn sofort vor diesem Mann gezogen. Schöner, dichter, vielleicht sogar poetischer hätte die Antwort nicht sein können.

Das sind Momente, in denen keiner mehr lacht, niemand mehr grinst. Mir lief damals die Gänsehaut rauf und runter. Und das tut es auch heute noch, wenn ich in Seminaren über dieses *wunderbare* Erlebnis berichten darf.

Investieren Sie etwas Zeit!

Bitte nehmen Sie sich einmal vor, in den nächsten Tagen, nachdem Sie dieses Kapitel gelesen haben, sich für ein oder zwei Stunden aus dem Trubel des Alltags hinauszuziehen. Setzen Sie sich an einen ruhigen Ort. Schalten Sie das Handy aus, stöpseln Sie das Telefon aus der Wand, kein Radio, kein Fernsehen, nichts soll Sie ablenken.
Nehmen Sie sich dann ein Blatt Papier und einen Stift und sammeln Sie alles, was Ihnen zu Ihrer Person einfällt. Notieren Sie Eigenschaften, von denen Sie spüren, dass man Sie an diesen Eigenschaften erkennen würde. Achten Sie bitte unbedingt darauf, dass Sie nicht zu bescheiden sind. Trauen Sie sich, schreiben Sie alles auf, was Ihnen in den Sinn kommt.

Ganz wichtig ist auch, dass Sie dieses Papier nur für sich erstellen. Zeigen Sie es niemandem. Schlimmstenfalls verstricken Sie sich in Diskussionen, die Ihnen nicht weiterhelfen werden. Vielleicht ist das Blatt nach einer halben Stunde immer noch leer, na und? Macht nichts, das ist völlig *normal*. Bleiben Sie hartnäckig am Ball. Möglicherweise schreiben Sie etwas auf, das Sie schon drei Tage später wieder verwerfen werden. Kann alles sein. Ergänzen Sie nach Herzenslust, wann immer Sie möchten. Sie werden erleben, dass sich Ihr Leben im Sinne von *Bereicherung* verändern wird.

Und was tun, wenn es überhaupt nicht funktioniert?

Lassen Sie die Flügel nicht hängen. Weihen Sie Ihre beste Freundin, Ihren besten Freund ein. Fragen Sie nach: »Was schätzt du an mir besonders?«
Oder fragen Sie Ihre Eltern. Achten Sie bei der Auswahl der Menschen, die Sie fragen möchten, darauf, dass sie Ihnen wohlgesonnen sind. Denn diese Übung soll Sie aufbauen und ein wenig zum *Leuchten* bringen. Vielleicht werden Sie noch lange kein Leuchtturm werden – aber schon bald ganz sicher ein Glühwürmchen!

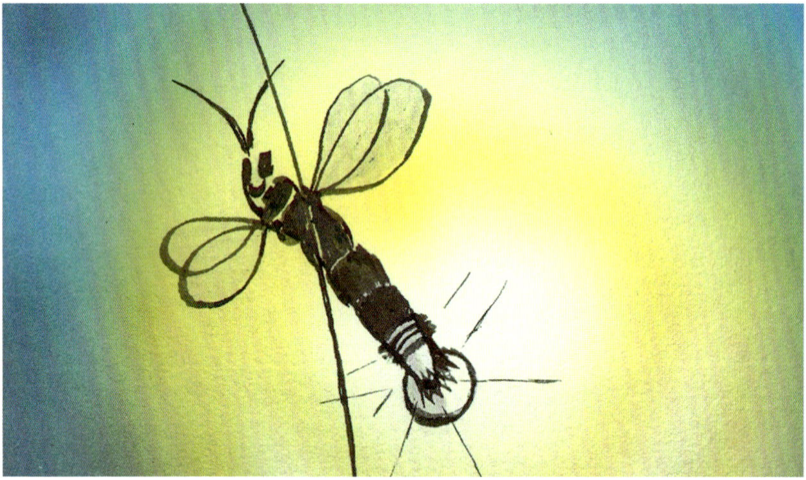

Es gibt keine bessere Investition in Ihr Selbst als die Suche und das Finden Ihrer Einmaligkeit. Ihre Kundinnen werden es Ihnen tausendfach danken.

Ein kleiner Gedanke noch zum Siegen: Wer siegen will (und attraktiv sein will!), muss auch kämpfen wollen. Nicht gegen jeden und nicht gegen den Rest der Welt, vielleicht nur mit sich selbst, mit der eigenen Bequemlichkeit? Es gibt Unzählige, die die Welt verändern wollen, aber nur bei sich selbst fangen sie nie an!

»Wer eine Schlacht gewinnen will,
muss denken, dass er der Sieger ist.

Man kann eine Schlacht auch verlieren,
wenn man denkt, man ist der Sieger.

Aber man kann nie und nimmer gewinnen,
wenn man sich für einen Verlierer hält.«

Roman Polanski

Wir lernen aus unseren Fehlern?

Es gibt ein sehr hartnäckiges Märchen, welches sich schon seit vielen Jahrzehnten hält und von Generation zu Generation weitergegeben wird. Das Märchen lautet: »Wir lernen aus unseren Fehlern!«

Denken Sie sich nur eine Kosmetikerin, die eine Kundin im Institut bedient und berät. Nach eineinhalb Stunden verlässt die Kundin das Institut und kommt nicht wieder. Was könnte nun unsere Kosmetikerin lernen? Was ist eigentlich passiert? Und wenn Sie dieses kleine Beispiel genau betrachten, so kann die Kosmetikerin noch gar nicht wissen, ob überhaupt etwas passiert ist! Denn erst in den nächsten Tagen wird sie bemerken können, dass die Kundin tatsächlich nicht wiedergekommen ist. ... Und wenn sie erst in einigen Tagen diesen Umstand realisieren kann, wie soll sie sich dann auch noch an das konkrete Gespräch erinnern? ... Aber selbst wenn sie sich erinnern könnte, was hilft es ihr?

Ja, wir machen alle Fehler! Das stimmt. Das scheint besonders menschlich zu sein. Und immer wieder scheint uns das Leben zu lehren, dass wir aus Fehlern klug würden.

Sie heiraten zweimal hintereinander den gleichen Männertyp. Es geht schief. Was lernen Sie daraus? ... Nichts! Denn Sie wissen ja gar nicht, was wo und wie genau schiefgelaufen ist. Sie können nicht lernen. Schlimmer noch: Sie werden den dritten Mann kennen lernen, sich verlieben und später feststellen, wie ähnlich er doch beiden Vorgängern ist. An dieser Stelle möchte ich darauf verzichten, mit Ihnen zu diskutieren, dass wir alle unbewusst Auswahlen treffen, die zu 99 Prozent lernresistent sind und bleiben werden.

Aber vielleicht ist bei Ihnen alles anders? Vielleicht sind Sie jemand, die wirklich aus Fehlern klug wird. Klasse. Aber es nutzt uns im Verkauf nicht wirklich. Warum nicht? ... Na, weil die Kundin weg ist und uns im Gehen eben keine Fehleranalyse »rübergefaxt« hat. Und wenn wir nicht wissen, was falsch gelaufen ist, was sollen wir dann ändern, wenn wir könnten?

So wie ich die Dinge sehe, so macht es keinen Sinn, Fehler zu suchen, sondern viel lieber ist es mir, die Erfolgsrezepte zu sammeln, zu analysieren und zu trainieren. Statt also die Fehleranalyse zu betreiben, statt also den Fehler besser *verstehen* zu lernen, macht es vielmehr Spaß und bringt direkten Erfolg, wenn wir lernen, was wie funktioniert! Wen kennen wir, die oder der das geschafft hat, was ich noch schaffen möchte?

Schauen wir einmal den sehr Erfolgreichen über die Schulter und lernen Strategien kennen, die direkt funktionieren.

So viele Menschen vertun Zeit und Aufwand mit der Frage, welches Ereignis in der Vergangenheit heute zu welchem Ergebnis geführt haben wird. ... »Warum nur habe ich diesen Fehler gemacht?«

Ich gebe Ihnen gerne eine Antwort, die immer hilft: Weil wir es nicht besser wussten! Wir haben immer geglaubt, dass dies, was wir entscheiden oder tun, aus dem jeweiligen aktuellen Stand der Dinge das Beste war oder ist. ... Hätte uns jemand es glaubwürdig besser vorgelebt, vorgemacht oder gezeigt, so hätten wir auch besser entschieden.

Vielleicht gelingt es uns, Ihnen nun glaubwürdig etwas zu zeigen, so dass Sie und Ihre Mitarbeiter neu entscheiden können, was gut und richtig für Sie ist.

Das schafft Professionalität und berechenbare Ergebnisse.

Lernen wir von den Besseren! Wir müssen nicht das Rad neu erfinden, sondern können von denen lernen, die bewiesen haben, dass es geht! Kein Risiko, keine waghalsige Strategie – sondern hinhören, aufnehmen, überdenken, entscheiden … und dann: Es tun!

Ein großartiges Beispiel, um aufzuzeigen, was von Erfolgreichen zu lernen bringen kann, sind die Franchiseunternehmen weltweit. Da wird den Franchisenehmern ein Erfolgsrezept haarklein dargeboten. Der Franchisenehmer hat nicht etwa die Aufgabe, seinen eigenen Weg zu suchen und zu finden, sondern er bekommt klare Anweisung, es genau nur so und nicht anders zu praktizieren. Das Handbuch ist die Bibel schlechthin. Kein Wildwuchs.

Gehen Sie mal (nur zum Test) in ein McDonald's-Restaurant. Da ist alles, aber auch alles durchorganisiert und standardisiert. Sie können in Südamerika, in Moskau, in Bern, in London oder wie mein Sohn und ich im letzten Urlaub in Hurghada in das Schnellrestaurant gehen. ... Jetzt kann man über Geschmack streiten. Aber eines ist sicher: Es ist vorhersagbar gewesen. Wir hatten in Ägypten das Problem, dass wir essen wollten, aber ohne die bekannten Nachteile in Sachen Verdauungstrakt. Und was soll ich schreiben? Wir haben sehr gut überlebt mit McDonald's.

Rechnen Sie einmal selber nach. Seit rund 40 Jahren werden weltweit in schätzungsweise 20.000 Restaurants von McDonald's Erfahrungen in Sachen Erfolg gemacht. Nehmen Sie die 40 Jahre multipliziert mit 20.000 Geschäftsführern, so ergeben sich 800.000 Mannjahre an Erfahrungen, wie ein solches Restaurant zum Erfolg geführt werden kann und muss. Und jetzt stellen Sie sich einmal vor, da käme ein »Unternehmertyp« zum Franchisegeber und würde sagen, dass er seit 20 Jahren bereits Pommes frites gebacken hätte. Er wisse, wie das Geschäft laufe. ... Na, was würde wohl der Franchisegeber antworten? ... Was sind schon 20 Jahre gegen 800.000 Jahre?

Bei Strukturvertriebsorganisationen werden Sie ähnlich fündig. Auch hier wird es dem Einzelnen nicht überlassen, den Stein der Weisen zu finden. Hier wird nicht geschult im Sinne von: »Schauen Sie doch einmal, Herr und Frau Teilnehmer(in), was wir Ihnen an Methode vorstellen möchten. Vielleicht ist das ja auch etwas für Sie?«

Vor einigen Jahren hatte ich das große Vergnügen, bei einer Schulung der Verkaufsmannschaft einer Vertriebsorganisation eines namhaften Herstellers für Staubsauger mit anwesend sein zu dürfen. Das sind dort liebe und nette Menschen, keine Frage. Aber wer von Ihnen einmal beim Bund war, der wird den Drill beim Bund im Vergleich zur Ausbildung bei dieser Vertriebsorganisation als Streichelzoo bezeichnen.

Denken Sie sich einmal, Sie würden morgen auf den Tag Ihre Kolleginnen zusammentrommeln und denen eröffnen, dass Kosmetik alleine nicht mehr im Institut und für die anspruchsvolle Kundin zählt. Sie eröffnen den Kolleginnen, dass Sie nunmehr nicht nur »Kosmetik«, sondern vielmehr die Kombination aus Sauberkeit und Kosmetik als »saubere Kosmetik« anbieten und verkaufen möchten. Sie erklären den verdutzten Mitarbeiterinnen, dass nicht nur die Sauberkeit im Institut, sondern vielmehr die Sauberkeit der Kundenwohnung entscheidend wäre. ... Und genau zu diesem Zwecke hätten Sie einen speziellen Staubsauger ins Programm genommen. Dieser Sauger sei furios! Einziger Nachteil: Er kostet etwa das Zehnfache von normalen Saugern.

Na? Was würden Ihre Leute antworten? … »Chefin, ab in die Klinik!«

Und genau dies aber machen die Staubsauger-Vertreter im Außendienst seit vielen, vielen Jahren sehr erfolgreich! Ich habe bisher einige Verkäufer kennen- und schätzen gelernt, die bei dieser erwähnten Vertriebsorganisation im Verkauf ausgebildet wurden. Großartige Kollegen. Lassen Sie sich von denen gerne einmal erklären, was *Strukturvertrieb* ist. Sie werden staunen, was alles geht.

Von den Besseren lernen leicht gemacht

Die sehr erfolgreichen Kosmetikerinnen nehmen sich *Zeit*. Denken Sie sich einmal, was es für Sie bedeuten würde, wenn Sie nicht von Termin zu Termin hetzen, die eine Kundin verabschieden und die andere schon begrüßen und innerhalb von zwei Minuten die Kabine umrichten müssen, sondern zwischen zwei Kundinnen mindestens eine halbe Stunde einplanen würden?

Stellen Sie sich vor, Sie könnten im Anschluss an eine Behandlung noch circa 30 Minuten locker und entspannt mit der Kundin plaudern und dabei Produkte und deren Anwendung gezielter verkaufen. Und wenn Sie dann noch feststellten, dass Ihr Umsatz explodiert. Na, wie wär's mit einer neuen Strategie?

Was wäre, wenn Sie nur noch in *Konzepten* denken und überzeugen würden? »Frau Kundin, wir arbeiten hier nicht oberflächlich. Wir sind ergebnisorientiert. Gute Pflege ist immer zu empfehlen, Wirkstoffkosmetik, so wie wir sie zum Einsatz bringen, in Kombination mit sorgfältiger Analytik und einem wirksamen Peeling oder einer sanfter Microdermabrasion verjüngt die Haut sichtbar in wenigen Wochen. Hierzu bedarf es auch Ihrer Mitarbeit zwischen den Behandlungen. ... Um wie viele Jahre dürfen wir die Lebensuhr zurückstellen?«

Schnüren Sie Ihr Konzept, und reden Sie darüber!

Schaffen Sie ein *EC-Kartenlesegerät* an! Wie soll eine Kundin spontan mehr kaufen, wenn Sie nicht bezahlen kann? Erlauben Sie Ihrem Kundenkreis die Freiheit, mit Karte zu bezahlen.

Keine Macht den Proben!

Und machen Sie endlich mit der *Verteilung von Pröbchen* bzw. der Bemusterung von Warenproben an Ihre Kundinnen Schluss. Die Verteilung von Proben bewirkt nur, dass die Entscheidung zum Kauf der Ware hinausgezögert wird. Noch schlimmer: Die Menge des Präparates reicht nie und nimmer, um eine Wirksamkeit zu bestätigen. Und nach wenigen Tagen bereits weiß die Kundin nicht mehr, was Sie mit ihr besprochen haben. Und wenn Sie dann nach vier oder sechs Wochen beim nächsten Termin wissen möchten, wie sie das Produkt einschätzt, wird die Kundin nur abwinken. Das Eisen, welches Sie schmieden wollten, ist erkaltet.

Verkaufen Sie lieber die komplette Verpackungseinheit. Sprechen Sie bei Nichtgefallen lieber eine Geld-zurück-Garantie aus. Wird extrem selten in Anspruch genommen und Sie sind auf der sicheren Seite.

Und wenn es wirklich nur ums kurze Schnüffeln von Düften und das angenehme Hautgefühl geht, dann können Sie immer noch mit einem Einmal-Holzspachtel etwas aus der Kabine der Kundin kredenzen. Das Tolle ist, Sie sind dabei. Sie können den Genuss kommentieren und die wohligen Äußerungen der Kundin wahrnehmen und für Ihren Verkauf direkt nutzen!

Der Eisberg – Bewusstes und Unbewusstes

Bereits vor rund 100 Jahren wurde dieses Eisberg-Modell von Siegmund Freud (1856–1939) entwickelt. Es beschreibt modellhaft die menschliche Persönlichkeit, von der nur ein Zehntel bewusst, sozusagen an der Oberfläche sichtbar, erfassbar wird. Der größte Teil der Persönlichkeit, nämlich neun Zehntel (oder 90 Prozent) seien dem jeweiligen Individuum nicht bewusst und entzögen sich dem (logischen) Denken.

Na gut, der Kunde ist ein Eisberg – und was sind wir?

Liebe Leserin, lieber Leser, möchten Sie einmal den Verkaufstrainern in Deutschland zeigen, was eine Harke ist? Ergreifen Sie die Chance und lesen bzw. denken Sie weiter!

Da lesen Sie in diesem Kapitel vom Eisbergmodell. Und wenn dieses Buch nicht das erste Buch zum Thema Verkaufen ist, welches Sie gelesen haben, dann wird Ihnen der Eisberg bekannt sein müssen. »Der Kunde ist ein Eisberg!« Geben Sie es doch zu: So richtig umwerfend ist diese Feststellung nicht, oder? Im Gegenteil: Sie wirkt eher langweilig, weil irgendwie abgedroschen. Und außerdem fragt man sich: »Was mache ich mit diesen Erkenntnissen?« (Übrigens: Je nach Literaturstelle wird entweder vom »Eisberg« oder vom »Schneemann« gesprochen. In beiden Fällen ist das gleiche Modell gemeint! Nur der Schneemann sieht auf Anhieb »menschlicher« aus, oder?)

Schon als junger Mann habe ich mich gewundert, warum diese Frage weder gestellt noch von vorneherein aufgearbeitet und als Lösung angeboten wurde. Im deutschsprachigen Raum gibt es schätzungsweise etwa 40.000 Trainer für den Verkauf. Jeder von denen benutzt das Bild des Eisbergs, um erklären zu wollen, was die unbewussten Anteile beim Kunden in seinem Entscheidungsprozess bedeuten und wie wir sie nutzen können.

Gibt es eigentlich einen »Kunden« ohne Verkäufer? Fällt Ihnen auch auf, dass immer so getan wird, als sei ein Kunde ein isolierter »Vorgang« in unserem Tagesgeschäft. Merkwürdig, oder? ... Immer ist bei einem »Kunden« auch ein »Verkäufer« beteiligt; – sonst gäbe es keinen »Kunden«! Und wenn es also immer eine Beteiligung eines »Verkäufers« im Verkaufsgespräch gibt, dann ist doch die Frage: »Wenn der Kunde einem Eisberg gleicht, einem Schneemann in den psychologischen Modellen entspricht – wer oder was sind dann wir in diesem Rollenspiel?« Die Beantwortung ist längst überfällig.

An der Universität von Kalifornien stellte vor einigen Jahren Professor Albert Mehrabian folgende spektakuläre Untersuchungsergebnisse vor. Es ging ihm um die Klärung des Einflusses von Körpersprache und Stimme in der Kommunikation. Und er fand heraus, dass lediglich nur zu sieben Prozent der Inhalt eines Gespräches oder einer Aussage den Erfolg beeinflussen kann. Zu 55 Prozent machte die Körpersprache den Erfolgsgaranten und zu 38 Prozent dann noch die Stimme aus. Dieses Ergebnis ist insofern spektakulär, als dass hier 93 Prozent des Erfolges von nicht bewusst zu beeinflussenden Faktoren abhängig sind. Zu sieben Prozent können wir als Verkäufer den Kunden intellektuell erreichen und Einfluss nehmen. Die restlichen 93 Prozent entziehen sich sozusagen unserer Betrachtung und direkten Beeinflussung! Dies ist hier keine einsame Theorie eines introvertierten Wissenschaftlers, der in einem seiner liebgewonnenen Elfenbeintürme sitzt, dies ist die Beschreibung der tagtäglichen Praxis in unseren Gesprächen. Das ist unsere Realität!

Na, ahnen Sie, worauf das nun hinausläuft? ... Denn wenn Sie nun genauer hinschauen und wissen wollen, woher denn die Körpersprache kommt, was denn die Stimmlage und das Sprechvermögen wesentlich beeinflusst, dann entdecken Sie, dass nicht das Bewusstsein (der Intellekt), sondern vielmehr das Unbewusste oder das Unterbewusstsein hier Regie führt.

Also noch einmal zur Ausgangsfrage zurück: »Wenn der Kunde ein Eisberg ist, einem Schneemann gleicht – wer sind dann wir?« Der Kunde agiert zu 90 Prozent, so die Psychologen, über sein Unbewusstes und nur zu zehn Prozent logisch. ... Wer oder was sind dann wir?
Wir sind auch ein Eisberg! Wir gleichen auch einem Schneemann! ... Lachen

Sie nicht. Ich kann mir bildreich vorstellen, wie Sie diese Erkenntnis amüsiert. Vielleicht denken Sie: »Na, so schwer war es eigentlich nicht, die Frage zu beantworten!« Ich kann Sie nur bestätigen. So schwer war es nicht. Dennoch aber haben bisher hier alle Trainer nicht aufgepasst, oder es hat sie nicht interessiert.

Wenn Sie nun die Psychologen mit ihren Erkenntnissen in Bezug auf den Eisberg mit den Kommunikationswissenschaftlern und den oben beschriebenen Anteilen einer erfolgreichen Kommunikation übereinander*legen*, dann fällt Ihnen sicher auf, dass beide Systeme *irgendwie* die gleiche Sprache sprechen.

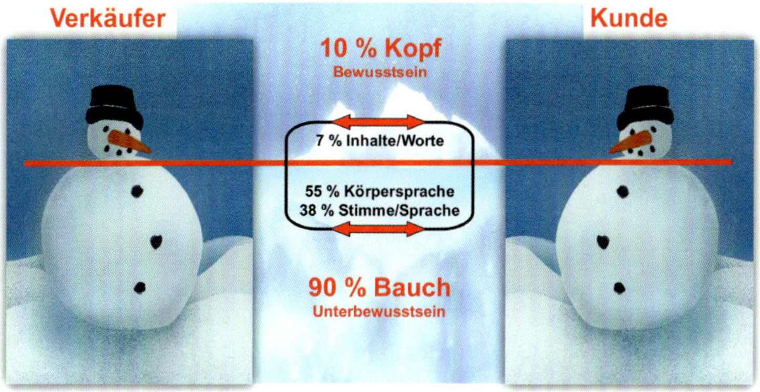

Während die Psychologen von zehn Prozent zu 90 Prozent in der Verteilung von Bewusstem und Unbewusstem sprechen, so präsentieren uns die Kommunikationsexperten nahezu identisch die gleiche Verteilung: sieben Prozent zu 93 Prozent! Denn die Körpersprache ist eindeutig eine Ausdrucksform des Unbewussten. Und die Sprache selber, vielmehr noch das sogenannte Sprachvermögen, ist ebenfalls eine Ausdrucksplattform des Unbewussten.

Wir alle haben nicht mit unserem Verstand »entschieden«, wie wir zu sprechen haben. So kennen Sie beispielsweise Menschen, die sprachgehemmt sind. Glauben Sie etwa, dass diese Menschen sich den »Spaß« ausgesucht haben? Diese Betroffenen leiden unter dem offensichtlichen Unvermögen.

Wie Sie auf andere wirken, wenn Sie etwas zu sagen haben, haben Sie ebenfalls nicht bewusst entschieden. Ihr Körper spricht oft genug sogar eine andere »Sprache«, als Ihr Verstand es möchte.

Diese annähernd gleichen Erkenntnisse aus der Kommunikation und der Psychologie können doch nur einen Schluss zulassen: Nicht nur der Kunde entscheidet überwiegend (zu 90 Prozent) aus unbewussten Motiven heraus und beeinflusst somit unseren Erfolg wesentlich *nicht* bewusst, sondern auch *wir* sind auf Gedeih und Verderb (zu 93 Prozent) unserem Unbewussten überlassen und auf es angewiesen!

Wie viel Fantasie benötigen wir noch für den letzten Schritt, um dann die alles entscheidende Frage zu formulieren? Wenn der Kunde einem Schneemann gleicht, wenn wir selber eben auch einem Schneemann gleichen, ja wenn unser praktischer Erfolg zu 93 Prozent aus dem Unbewussten, sozusagen aus dem Bauch kommt – dann wäre es für uns selber sehr hilfreich zu wissen, wie es denn um unseren Bauch steht! … Wie geht es unseren »Bäuchen«? ... *Wie geht es mir mit meinem Unbewussten?*

Wie geht es Ihnen, wie geht es Ihrem »Bauch«? … Diese Frage ist nicht nur aus menschlicher Sicht entscheidend, sondern vielmehr aus der weiter oben dargestellten schon rein praktischen *Notwendigkeit* als Verkäuferin existenziell!

Es macht aus meiner Sicht überhaupt keinen Sinn, sozusagen an der »Wasseroberfläche zu bleiben« und lediglich Verhalten zu trainieren und zu optimieren. Das sind, mit dem Eisberg gesprochen, gerade einmal zehn Prozent der Möglichkeiten, die wir mit aller Gewalt versuchen, in die Form zu zwingen. Wir sagen dem Kopf im übertragenen Sinne, dass das eine Verhalten im Verkaufsgespräch nicht sinnvoll und das andere Verhalten erfolgsversprechender sei. Das ist schon ordentlich, aber es kann nur zehn Prozent im allergünstigsten Falle beeinflussen. Mehr nicht. Dann ist es doch sehr viel erfolgsversprechender, in die Tiefe zu gehen und dort möglicherweise die 90 Prozent unbewusster Ressourcen zu wecken und nutzbar werden zu lassen.

Wie geht es Ihrem Bauch?

Bitte erlauben Sie mir, mich zu wiederholen: Es geht nicht um irgendeine Befindlichkeit, es geht um *alles!* Wie wir gesehen haben, hängen 93 Prozent Ihres Erfolges davon ab. Und wie kann es dann sein, dass 40.000 Trainer Ihnen davon nichts zu sagen wissen oder – besser noch – zu fragen haben? Schauen Sie selbst einmal hin!

Mit einem Gedankenexperiment möchte ich Ihnen ein wenig Hilfestellung anbieten, um diese Frage für Sie klären zu helfen.

Ein Fax vom »lieben Gott«

Denken Sie sich folgende Situation: Sie liegen in der nächsten Nacht im Schlaf. Es mag 2:00 Uhr sein oder später. Sie schlafen. Und nun werden Sie also mitten in der Nacht wach. Da sitzt einer am Fußende und rüttelt vorsichtig an Ihrem Bein. Sie schrecken hoch. Sie schauen. Und es ist der liebe Gott! … Es verschlägt Ihnen den Atem. »Oh Gott, muss ich schon gehen?«, Sie fragen ganz verängstigt. Doch Gott antwortet nur: »Nein! Ich will nur reden! … Nur reden!«

Und denken Sie sich weiter, er würde wie folgt mit Ihnen ins Gespräch gehen:

»Nährst du deine Seele? Bemerkst du sie überhaupt? Heilst du sie, oder verletzt du sie nur ständig? … Wann hattest du das letzte Mal das Gefühl, dass deine Seele zum Ausdruck gebracht wurde?

Wann hast du das letzte Mal vor Freude geweint?
Gedichte geschrieben?
Musik gemacht? Im Regen getanzt?
Einen Kuchen gebacken? Irgendetwas gemalt?
Irgendetwas Kaputtes repariert?
Ein Baby geküsst?
Eine Katze in dein Gesicht gedrückt?

Bist einen Berg erklommen?
Bist nackt geschwommen?
Hast bei Sonnenaufgang einen Spaziergang unternommen?
Auf der Mundharmonika gespielt?
Gespräche geführt mit Freunden bis zum Morgengrauen, als hätte die Nacht kein Ende?
Stundenlang dich geliebt?
Mit der Natur gesprochen? – Nach ›Gott‹ gesucht? …

Wann hast du das letzte Mal ›Hallo‹ zu deiner Seele gesagt?« (aus Gespräche mit Gott, Band II, Neal Donald Walsch)

Bevor Sie weiterdenken oder diesen Gedanken verwerfen möchten, möchte ich noch betonen, dass es mir nicht um Glaubensfragen geht. Das ist und bleibt Ihre ureigenste Angelegenheit. Vielmehr aber geht es um die Frage, die immer noch im Raume steht: »Wie geht es Ihrer Seele – Ihrem Bauch?« … Und nun hätten Sie nachts eine Begegnung mit *Gott* gehabt, der Ihnen weder vorwurfsvoll noch drohend käme, sondern lediglich die Frage konkretisierte.

Die allermeisten würden sich am nächsten Morgen fragen, ob sie denn dieses Erlebnis nur *geträumt* haben. … Aber was heißt hier *nur geträumt*? ... Wussten Sie schon, dass alle Heilsverkündungen in den Weltreligionen immer nur in Träumen verkündet worden sind? … Denken Sie sich nur einmal zu Ende, was eine solche Begegnung mit Ihnen machen würde? … Hey! Schauen Sie doch einmal ohne Angst hin. Was hätte Ihre Seele, Ihr Bauch, zu antworten? Sie sind unendlich kostbar. Ihre Seele schreit nach Beachtung. Wäre es da nicht ungeheuer segensreich, wenn Sie auf sich und Ihre Seele wieder achtgeben dürften?

Was braucht Ihre Seele? … Schreiben Sie, malen Sie ein Bild, sammeln Sie die tausend Dinge, die kleinen wie die großen, die Sie erfüllen und glücklicher werden lassen. Je glücklicher Sie mit sich und Ihrem Leben sind, desto umwerfender ist Ihre positive Wirkung auf Ihre Kunden. Wer glücklich ist, verkauft am besten!

Kommunikation kann doch jeder

Bevor wir nun aber in das zielgerichtete Verkaufsgespräch eintauchen, möchte ich Ihnen einige wichtige Grundlagen verdeutlichen.

Die Kommunikation ist bekanntermaßen die Verständigung zwischen Sender und Empfänger. Einfachstes Beispiel ist hier die Verständigung zwischen zwei Gesprächspartnern. Der eine sagt etwas, eine Nachricht, der andere hört zu. Diese sprachliche Verständigung wird auch als verbale Kommunikation beschrieben.

Interessanterweise aber würden beide Partner auch etwas sagen, selbst wenn sie sich anschweigen. Denn nicht nur Worte, sondern Tonfall, Sprachtempo, Pausen, Lachen und Seufzen sowie Körperhaltung und Körpersprache, kurz: das ganze Verhalten, *sagen* etwas. Diese nichtsprachliche Ebene der Verständigung wird nonverbale Kommunikation genannt.

Die Beteiligten in einem Gespräch können sich beispielsweise auch nur über eindeutige Zeichen verständigen. Vielleicht beobachten sie ihr Gegenüber nur, um zu *fühlen*, was der andere sagen will.

Auch wenn uns dies in einem Gespräch nicht immer bewusst ist, die Kommunikation ist immer ein Gemisch aus verbalen und nonverbalen Zeichen bzw. Botschaften. Ihr Gesprächspartner tippt mit dem Zeigefinger mehrfach an seine Schläfe und sagt dabei: »Ich gebe dir gerne mein Auto!« Sie würden sofort die nonverbale Botschaft verstehen: »Mein Auto? – Auf keinen Fall!«

Da jedes Verhalten zwischen Sender und Empfänger Mitteilungscharakter hat und Verhalten nicht abgeschaltet werden kann, kommunizieren wir also immer!

Handeln oder Nichthandeln, Worte oder Schweigen, alles transportiert eine Nachricht, die andere unweigerlich beeinflusst. Die anderen können ihrerseits nicht *nicht* auf diese Nachricht reagieren und kommunizieren zwangsläufig mit.

Sie kommen auf einen Bahnsteig und erblicken einen Mann, der auf einer Bank sitzt, den Kopf auf seine Hände stützt und auf den Boden starrt. Damit teilt er Ihnen mit, dass er nicht angesprochen werden will. Und Sie werden ihn ganz sicher in Ruhe lassen. Sie beide haben kommuniziert.

»Man kann nicht nicht kommunizieren!« (Paul Watzlawick)

Dieser Kernsatz aus der Kommunikationswissenschaft beschreibt den Umstand, dass es keine Situation geben kann, in der wir nichts zu sagen (verbal oder nonverbal) hätten. Dies bedeutet für uns, dass wir, sobald wir mit anderen Menschen in Kontakt treten, kommunizieren. Und dies geschieht unabhängig von Worten, Zeichen und einer möglichen Zu- oder Abwendung zum jeweiligen Gegenüber.

Im Folgenden werden Ihnen vier wichtige Prinzipien vorgestellt, die beschreiben, was in der (erfolgreichen) Kommunikation mit unserem Gegenüber wirklich von Bedeutung und zu beachten ist.

Die Ebenen der Kommunikation

Jede Kommunikation verläuft nach Watzlawick auf zwei Ebenen, der Inhalts- und der Beziehungsebene. Diese Information hört sich zugegebenermaßen nicht besonders spektakulär an. Aber in der konsequenten Beobachtung ist hier sehr leicht zu erkennen, wie störanfällig unsere Kommunikation sein kann, ja sogar sein muss.

Prüfen Sie es einmal nach, Sachfragen lassen sich leicht ansprechen, oder? Mit ein wenig Übung können Sie nahezu jedes technische oder organisatorische Problem beschreiben. Und Sie erreichen meist auf dieser Ebene schnell Klarheit und Einigung. Eine Sache funktioniert oder nicht. Ein Termin kann eingehalten werden oder ist bereits in der Planung aussichtslos.

Die Beziehungsebene hingegen verläuft weniger klar und gleichzeitig zur Inhaltsebene sozusagen im Hintergrund mit ab.

Leicht sind wir in Gesprächen zu irritieren. Oft schon sind wir mit der Frage beschäftigt, ob es denn ein Gesprächspartner mit uns ernst meint oder nicht. Und wenn wir einen Eindruck gewinnen, so können wir diesen Eindruck sehr schwer nur objektiv, also rein sachlich begründen oder beschreiben. Wir fühlen uns in einem Gespräch vom anderen gut oder weniger gut behandelt und verstanden.

In unseren Gesprächen können wir die Inhaltsebene wunderbar von allen Seiten her thematisieren, aber die Beziehungsebene können wir nahezu gar nicht ansprechen. Stellen Sie sich vor, Sie würden Ihre Kundin fragen: »Mögen Sie mich?«, was würde wohl Ihr Gegenüber von Ihnen dann denken müssen?

Und dies kennen wir alle selbst aus privaten Beziehungen. Spricht der eine von beiden betont die Sach- bzw. Inhaltsebene und der andere betont die Beziehungsebene an, so wird es kein Zueinanderkommen geben können. Und im Streitfall wirkt dies noch deutlicher. Nämlich derjenige, der rational logisch argumentiert, bleibt demjenigen, der die Beziehungsfrage thematisiert, immerzu überlegen.

Wie wichtig ist die Beziehungsebene wirklich? Diese Frage zu beantworten fällt den professionellen Kommunikatoren, den Verkäufern, nicht schwer. Auf den ersten Blick bzw. spontan beantwortet ist für die meisten Menschen die Sachlage klar: Es geht um die Sache! Und der Rest ist irgendwie »Gefühlsduselei«.

Denken wir uns einen Controller in einem Handelsunternehmen, der sich mit dieser Frage der Wichtigkeit der Beziehung zum Kunden zu beschäftigen hat. Er hat gelernt, sich fast ausschließlich um Zahlen und um Kennziffern zu kümmern. Und eines Tages wird er mit der Aufgabe beauftragt, er solle den Erfolg eines Internetverkaufsportals kalkulieren. Für ihn wird beispielsweise wichtig sein, die Kosten für die Erstellung und Pflege des Internetauftrittes mit den Kosten für Verkäufer im Innen- und Außendienst zu vergleichen. Dann wird er argumentieren, dass die technische Lösung 24 Stunden am Tag einsetzbar sei und aus gesundheitlichen Gründen nicht ausfallen könne. Stellen Sie sich vor, Sie würden mit diesem Mann über die Beziehungsebene in der Kommunikation sprechen wollen. Was käme dabei heraus?

Ein Verkaufsprofi würde an dieser Stelle seine Erfahrungen mit der Beziehungsebene in die Waagschale legen … Interessanterweise verkaufen bis heute die allermeisten Verkaufsportale im Internet nicht ausreichend. Weil die Beziehungsebene fehlt?

Paradoxe Situationen

Das zweite wichtige Prinzip aus der Kommunikation ist das der paradoxen Situationen. Damit sind folgende Situationen gemeint: Stellen Sie sich vor, Sie laden Freunde zu einer Party zu sich nach Hause ein. Und irgendwann klingelt es an der Türe. Sie öffnen, und da steht Ihr Freund im Türrahmen und sagt mit betrübtem Gesichtsausdruck: »Ich freue mich auf deine Party.«

Ausschließlich von der Inhaltsebene her betrachtet, wäre die Lage eindeutig. Er sagt, dass er sich freut! »Na toll«, denken Sie. Sie werden sich sofort fragen, was wohl passiert sein mag, obwohl die Sachlage doch so *eindeutig* formuliert wurde. Sie werden ihn womöglich fragen, ob er sich nicht wohlfühle. Und denken Sie sich nun, er würde antworten: »Wie kommst du darauf? Ich habe doch gesagt, dass ich mich freue!«

Ein anderes Beispiel: Stellen Sie sich vor, Sie hätten sich für Ihren Partner beim Friseur für viel Geld wirklich schick machen lassen. Sie kommen nach Hause und fragen voller Stolz Ihren Partner: »Na, wie sehe ich aus? Gefällt es dir?« Und Ihr Gegenüber würde mit einem Blick wie »drei Tage Regenwetter« müde antworten: »Du siehst klasse aus.« Was würden Sie denken?

Noch besser: Sie sind eine erfolgreiche Kosmetikerin und möchten unbedingt eine zielstrebige Kosmetikerin zusätzlich einstellen. Sie suchen jemanden, die es packen wird, jemanden, die Erfolg ausstrahlt, die vielleicht Sie und weitere Kolleginnen mit inspirieren kann.

Sie bitten die Bewerberin zum Gespräch, begrüßen sie und erhalten folgenden Handschlag:

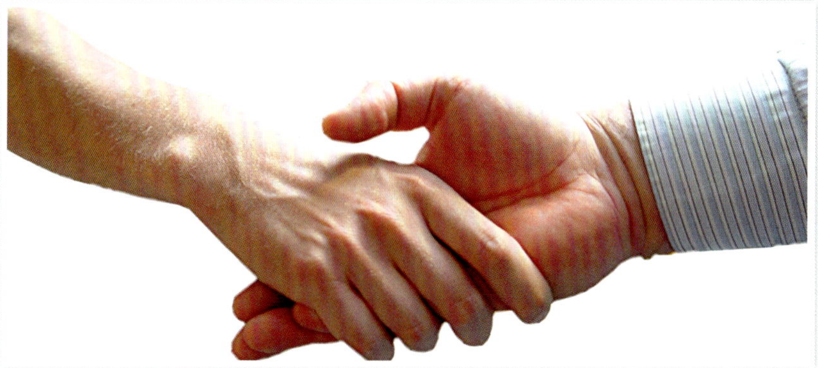

Wenn Sie jemals voller Erwartung auf einen Menschen, der Selbstbewusstsein vorgibt, in eine solche *Leichenhand* gegriffen haben, dann wissen Sie augenblicklich, was gemeint ist. Es ist erschaudernd. Ihnen ist es dann nicht mehr wichtig, mit welchen Zeugnissen seiner vorherigen Arbeitgeber er ankommt. Selbst wenn er Ihnen versichern würde, dass er unglaublich kämpfen könne – Sie würden ihm nicht mehr glauben können. Eine klassische paradoxe Situation.

Ein umgekehrtes Beispiel könnte der Arbeitskollege sein, den Sie ebenfalls auf Ihre Party eingeladen haben, der Ihnen mit strahlender Miene mitteilt: »Schade, leider kann ich nicht bleiben!« Sie stellen fest, dass die Aussage mit dem »Bild« des Aussagenden nicht übereinstimmt. Wie wichtig ist dann der reine Inhalt der Aussage?

In der menschlichen Kommunikation wird fortwährend vom Empfänger der Nachrichten kontrolliert und beobachtet, ob das Gesagte mit dem Gezeigten wirklich übereinstimmt. Und was überwiegt, das Gesagte oder das Gezeigte?

Vielleicht ein Beispiel aus dem Großhandel? Da kommen die Kunden in das Geschäft und stehen vor einem gewaltigen Tresen, etwa 1,50 Meter hoch. Dahinter sitzt ein Mitarbeiter, der angestrengt telefoniert oder auf seinen PC einhackt. Und da der Mitarbeiter so ungeheuer *wichtig* beschäftigt ist, würdigt er den ankommenden Kunden mit keinem Blick. Der Kunde versucht, sich irgendwie bemerkbar zu machen. Der Verkäufer dreht sich auf seinem Bürostuhl vom Kunden weg, damit er ungestörter telefonieren kann.

Gemessen an den unternehmerischen Zielen, dass der Kunde wichtig ist, wirkt dieses Verhalten und diese Barriere paradox! Glauben Sie wirklich, dass dieser Mitarbeiter gleich im eigentlichen Kundengespräch noch überzeugen kann? Jetzt werden Sie vielleicht einwenden, dass solches Verhalten beinahe in jedem Großhandel zu beobachten ist. Stimmt. Da haben Sie wieder einmal Recht. Und wenn schon? Dann machen wir es besser. Ganz einfach!

Was will der Verkäufer noch zur Kundenorientierung oder Achtung des Kunden erzählen? Unser Kunde in diesem Beispiel wird sich kurz beraten lassen, nimmt Informationen mit und bittet sich am Ende des Gespräches eine Bedenkzeit aus, um so höflich zu verschwinden. Vielleicht hat unser Verkäufer es nicht so gemeint, kann sein? Aber ist das Gutmeinen wirklich entscheidend?

Die vier Arten der Wahrnehmung

Als wichtiges viertes Prinzip möchten wir die vier Arten der Wahrnehmung (nach Friedemann Schulz von Thun) vorstellen. In diesem Modell geht es darum, dass jede Nachricht empfängerseitig in vier Aspekte „zerlegt" und analysiert wird.

Auch in diesem Modell begegnet uns wieder die Inhaltsebene, nämlich im **ersten Aspekt** (dem **Sach-Ohr**): »Worum geht es hier?« oder »Was ist Sache?« In der Grafik oben haben wir die Aspekte mit jeweils einer Gedankenblase gekennzeichnet.

Der **zweite Aspekt** (das **Appell-Ohr**) befasst sich mit der Frage: »Was soll ich tun?« oder »Was erwartet der andere von mir?«

Der **dritte Aspekt** (das **Selbstoffenbarungs-Ohr**) will klären, was denn der Sender der Nachricht über sich selbst aussagt. »Was soll ich hören, was soll ich an seiner Lage verstehen? Was sagt er über sich selbst aus?«

Der **vierte Aspekt** (das **Beziehungs-Ohr**), und hier bemerken Sie ebenfalls eine Wiederholung aus der zweiten Kommunikationsebene, ist die

Frage nach der Beziehung: »Wie geht er mit mir um? Ist er fordernd und womöglich distanzlos oder behutsam und freundlich? Geht der andere mit mir respektvoll um?«

Worum geht es?
Was will er von mir?
Was sagt er über sich aus?
Wie geht er mit mir um?

Ein kleines Beispiel verdeutlicht das theoretische Modell. Stellen Sie sich folgende Situation vor: Eine Kosmetikerin beschreibt ihrer Kundin: »Sie haben einen fettigen Hauttyp!«

Betrachten wir uns dieses kleine Beispiel mit den vier Arten der Wahrnehmung, dann ergibt sich folgende Analyse:

Die Sachebene ist klar, aber das ist auch schon das Einzige, was klar und eindeutig ist: »Die Kundin hat einen fettigen Hauttyp.«

„Sie haben einen fettigen Hauttyp!"
Inhalt
„Los, wasch Dich!"
Appell
„Das ist mir unangenehm!"
Offenbarung
„Ich mag Sie nicht!"
Beziehung

Der Appell *könnte* lauten: »Los, wasch dich!« Über sich sagt die Senderin in der Selbstoffenbarung *möglicherweise* aus: »Das ist mir unangenehm!« Bis hin zur Beziehungsfrage *könnte* die Empfängerin verstehen: »Liebe Kundin, ich finde Sie abstoßend. Ich mag Sie nicht!«

Jetzt werden Sie einwenden, dass die letzten drei Aspekte *unsere Kosmetikerin* hier mit keinem Wort erwähnt habe. Und Sie haben Recht! Und so hätte auch die Kosmetikerin Recht, wenn sie dies der Kundin nochmals klarmachen wollte. Die Kosmetikerin hat *nicht* gesagt, dass die Kundin ungepflegt ist, sich waschen soll oder sie die Kundin nicht mag. Sie hat *nur* gesagt, dass es ein bestimmter Hauttyp ist. Aber was würde ihr ihre Rechthaberei nützen? Die Kundin bekommt diese *Auskunft* sozusagen in den falschen Hals. Kann passieren. Wenn diese Kosmetikerin schlecht beraten wäre, dann würde sie darauf bestehen, dass sie nur gesagt habe, welchen Hauttyp die Kundin habe – mehr nicht!
Kann unsere Kosmetikerin aber erfolgreich kommunizieren, dann wird sie sich auf die Tatsache besinnen, dass es nicht darauf ankommt, was sie als Sender *gesagt* hat, sondern was die Kundin als Empfängerin möglicherweise gehört bzw. verstanden haben wird.
Die Kosmetikerin beobachtet ihre Kundin und sieht vielleicht am Gesichtsausdruck der Kundin, dass sozusagen die Stimmung sich verändert.

Oder sie erkennt, dass sich die Kundin körpersprachlich zurückzieht. Dann würde jetzt die geschulte Kosmetikerin, statt sich zu rechtfertigen, vielmehr auf die Suche gehen, was ihre Kundin in diesem Gespräch irritiert haben könnte. Sie fragt nach!

»Frau Kundin, ich bekomme gerade mit, dass sie etwas beschäftigt. Was geht Ihnen durch den Kopf?« Oder noch konkreter: »Frau Kundin, kann es sein, dass ich Sie mit meiner Auskunft über Ihren Hauttyp irritiert habe?«

Die erste Frage: »Was geht Ihnen durch den Kopf?«, ist eine *offene* Frageform, schon weil die Kundin mit ganzen Sätzen antworten wird. Wenn die Kundin antwortet, dann entweder mit einer eindeutigen Versicherung, dass alles in Ordnung sei, oder mit der Auskunft, was sie gerade gedanklich beschäftigt (und von dem Gespräch mit der Kosmetikerin ablenken wird!).
Diese Informationen sind ungeheuer wichtig, denn ohne die Überprüfung der Gesprächssituation wird die Kosmetikerin in diesem Beispiel verunsichert sein und die Kundenbeziehung ist gefährdet.

Wenn Sie die zweite *geschlossene* Frageform betrachten: »Kann es sein, dass ...«, dann fällt Ihnen auf, dass die Kundin sehr wahrscheinlich nur mit *Ja* oder *Nein* antworten wird. »Habe ich sie irritiert?« – sagt die Kundin »Nein«, dann ist ja alles in Ordnung, so glauben wir noch. Antwortet sie mit einem »Ja«, dann bestätigt sich unser Eindruck, aber wir haben keine Information darüber, was genau sie nun gedanklich beschäftigt hat, oder?
Die offene Frageform bietet immer die Möglichkeit, genauere Informationen zu sammeln und den Kunden während seiner Antwort zu beobachten. Vielleicht entdecken wir noch den einen oder anderen Hinweis auf eine paradoxe Situation?

Wenn Sie sich nicht sicher sind, was Ihr Gegenüber wirklich verstanden hat, dann ...

Fragen Sie nach!

Beachten Sie dann aber bitte, dass nicht Ihr Gegenüber Sie falsch verstanden haben muss, sondern dass Ihr Gesagtes nur nicht richtig herübergekommen sein wird! – ein kleiner, aber weiser Unterschied!

Wenn Sie erfolgreich kommunizieren und Menschen für sich gewinnen wollen, dann ist und bleibt es unerheblich, wer wen nicht richtig verstanden hat, sondern es liegt ausschließlich beim Sender – bei Ihnen, zu überprüfen, was an Inhalten und Verstandenem beim Gegenüber wie empfangen wurde.

Wir Verkäuferpersönlichkeiten möchten unsere Ziele erreichen. Wir möchten, dass der Kunde sich wohlfühlt, gerne einkauft, uns weiterempfiehlt und gerne wiederkommt.
Aus dem dritten Prinzip »Entscheidend ist nicht, was Sie sagen, sondern was auf der anderen Seite ankommt« und dem vierten Prinzip *Die vier Arten der Wahrnehmung* leitet sich ein ganz wichtiger Kernsatz ab:

Jeder Mensch hat ein Recht auf seine eigene Subjektivität!

Zwei kleine Gedanken noch: Sie kennen alle die spannenden, aber auch nie endenden Diskussionen über die Objektivität und die Unmöglichkeit, in der Subjektivität das wirklich Objektive, die Wahrheit und das Absolute finden oder begreifen zu können.

Wir Menschen sind subjektiv durch und durch. Jeder Mensch sieht, hört, fühlt, riecht, versteht, erkennt seine Eindrücke so, wie er sie in *seiner Wirklichkeit* für sich wahrnehmen *kann*. Und seine Wirklichkeit ist von so vielen Faktoren abhängig und befindet sich im ständigen Fluss. Was also nützen hier objektive Informationen? Vielleicht können sie als Bezugspunkt dienen, um Orientierung zu sein. Aber im Sinne von Rechthaberei helfen sie niemandem. Sie stoßen eher ab.

Gute Kommunikation lässt dem Gesprächspartner seine subjektive Weltsicht. Wie viel mehr können Sie und wie viel mehr können wir erreichen, wenn es

Ihnen und uns gelingt, den anderen in seiner eigenen Sicht zu verstehen?

Ein anderer Gedanke ist der, dass *das Recht zu haben* auf die eigene Subjektivität, den Gesprächspartner gerade mit seiner Art der Wahrnehmung *aufwertet*, oder?

Nicht er irrt sich zwangsläufig, weil er nicht objektiv *genug* ist. Sondern wir erhalten eine Chance, an der Subjektivität des Gegenübers teilhaben zu können. Das schafft Achtung vor dem anderen und den nötigen Respekt im Umgang mit dem anderen!

Ihr Zukunftsorgan

In den vergangenen Kapiteln haben wir sehr viel über das Unbewusste erfahren. Das Unbewusste ist eine unerschöpfliche Kraftquelle; es ist Ihr Zukunftsorgan!

Kennen Sie so eine Situation: Sie haben plötzlich einen Gedanken und dürfen ihn nicht vergessen? Sie haben nun aber keinen Notizblock. Jetzt kommt noch ein zweiter Gedanke, ein dritter Gedanke hinzu. Und schon wird es mühsam und anstrengend, diese drei Gedanken zusammenzuhalten und sie eben nicht zu vergessen. Und wenn Sie dann noch Angst entwickelten, Sie würden die Gedanken nicht festhalten können, sind sie schon entschwunden! Das Bewusstsein ist sehr stressanfällig, und in der Merkfähigkeit ist es oft eher flüchtig. Anders verhält es sich mit dem Unbewussten. Das Unbewusste vergisst nichts. Rein gar nichts! Alle Erlebnisse, alle Gefühle, alle Bilder, Gerüche und Geräusche; alles, was unser Leben begleitet hat, findet sich unlöschbar abgespeichert in ihm wieder.
So können auch Sie z. B. bei bestimmten erinnerten Bildern plötzlich auch Gerüche wahrnehmen. Kennen Sie das?

Wie genial könnte es sein, wenn es uns gelänge, diese Speicherfunktionen für uns jederzeit nutzbar zu machen? Stellen Sie sich bitte einmal vor, was es für Sie an Nutzen bringen würde, wenn es Ihnen gelänge, die für Sie wichtigen Dinge, wie Ziele, Hoffnungen und Wünsche, Ihrem Unbewussten zu übergeben, dann brauchten Sie nicht mehr täglich an Ihre Ziele und Wünsche zu denken; das übernähme dann ab sofort Ihr Unbewusstes.

Besser noch, stellen Sie sich ergänzend vor, dass Ihr Unbewusstes für Sie arbeiten und Ihren weiteren Weg zielgerichtet ausrichten würde. Diese Vorstellung wirkt zugegeben leicht fantastisch. Auch deshalb, weil die Kontrolle über die unbewussten Abläufe nicht herstellbar ist. Und das, was dies alles so unkontrollierbar macht, ist die Tatsache, dass es sich eben unserem Denken entzieht. Aber genau dies ist die wichtigste Aufgabe Ihres Unbewussten!

Alles, was Sie sich wünschen und vorstellen können, soll und wird Ihr Unbewusstes realisieren. Wirklich alles!

Der Philosoph René Descartes (1596–1650) prägte die berühmte Feststellung: »Ich denke, also bin ich!« Der Mensch denkt, also existiert er! Angesichts dieser Erkenntnisse über die Kraft des Unbewussten sollten wir ergänzen:

Der Mensch fühlt, also gestaltet er –
der Mensch glaubt, also schafft er Realitäten!

Und was hat der Eisberg nun mit Ihrer Arbeit zu tun?

Es geht natürlich bei Ihrer Arbeit wesentlich um Ihre Kundinnen. Und die sind bekanntlich Eisberge. Keine Frage. Aber wesentlich ist bei der Betrachtung des Eisbergmodells auch, dass Sie erkennen, dass auch Sie wesentlich Eisberg sind! Auch Sie *bestehen* zu 90 Prozent aus einem unbewussten *Bauch*. Selbstverständlich ist es großartig, wenn Sie im Verkauf über das Wesen der Eisberge Bescheid wissen. Sie verstehen Ihre Kundinnen sozusagen auf einer ganz anderen Ebene.
Aber was soll es nützen, wenn Sie selber mit Ihrem Bauch nicht umzugehen wüssten? Wissen Sie über Ihren Bauch Näheres? Wissen Sie, was ihm guttut?

Oder mit anderen Worten: Wie sollen Sie jemals einen Menschen wirklich begeistern können, wenn Sie in Ihrem Bauch eher nur Ungutes mit sich tragen würden?

Wussten Sie, dass heute ein sechsjähriges Kind tatsächlich im statistischen Mittel mehr als 500 Fernsehleichen hat sehen müssen? – Kein Bild verlässt je die Seele, jedes Bild beeinflusst uns auf der seelischen Ebene fortwährend! … Was ist mit Ihnen? Was haben Sie schon alles gesehen, erlebt und erfahren?

Kosmetik für die Seele

Es gibt ein kleines, aber feines Programm, die eigene Seele aufzuladen oder sie nach schweren Zeiten wieder aufzurichten. Vielleicht werden Sie nach Absolvieren der Übung stärker sein als je zuvor?

Eigentlich ist die kleine Übung keine echte Kosmetik, sondern mehr. Bei Kosmetik verändern wir lediglich die Oberfläche, aber nicht wesentlich den Kern. Bei dieser Übung ist es aber umgekehrt. Wir möchten an den Kern. Vielmehr wird über die eintretenden Veränderungen im Kern unser Äußeres umgestaltet.

Morgens um 6:30 Uhr in Deutschland. Denken Sie sich einmal, dass die allermeisten sofort nach dem Aufstehen ins Bad wanken, das Licht einschalten, in den Spiegel schauen und denken: »Ach du liebe Güte! Wie siehst du denn schon wieder aus? Furchtbar!«
Was macht das mit Ihnen?
Denken Sie noch eine Stufe weiter: Sie stehen morgens um 6:30 Uhr auf und Ihr Partner schaut Sie an und schimpft: »Siehst du aber schlimm aus! So kannst du nicht unter die Leute gehen. Das Alter macht dich wirklich hässlich. Schließe lieber das Badezimmer ab, damit die Kinder keinen Schrecken bekommen!«

Wie würden Sie sich fühlen bei einer solchen Begrüßung am Morgen?

Egal wie wichtig dieser Partner für Sie wäre, Sie würden spätestens nach vier Wochen die Beziehung beenden, um Ihr Seelenheil einigermaßen zu retten.

Solche Partner können Sie zur Not austauschen. Aber können Sie das auch mit sich selber?

Die meisten Menschen in unserem Kulturraum treten morgens vor den Spiegel und schimpfen mit sich selber. Im Zweifel noch schlimmer als der eben erwähnte Partner.

Was macht das mit Ihnen? Kennen Sie das? Steter Tropfen höhlt den Stein!

Wie kann ein Verkäufer begeistern, wenn es selber in seiner Seele nie ausreichend ist? »Ich hätte ein toller Ingenieur werden können, doch jetzt bin ich nur Verkäufer.« Wer so denkt, der wird nie Menschen für sich gewinnen können. »Eigentlich wollte ich ein leidenschaftlicher Mechaniker werden, doch jetzt verkaufe ich nur noch Autos.« Oder: »Ich habe nichts Besseres gelernt, da bleibt mir nur noch der Verkauf!«
Diese Gedanken, ständig wiederholt, üben eine verheerende Wirkung auf Ihren Bauch, Ihr Unbewusstes und Ihren Verkaufserfolg aus.

Wenn Verkäufer auch Eisberge sind, dann müssen Sie unbedingt auch auf Ihre innerseelischen Befindlichkeiten achten. Das ist Ihr wichtigstes Kapital – um gewinnend zu sein!

Probieren Sie es einmal aus: In den nächsten vier Wochen stehen Sie morgens um 6:30 Uhr auf, gehen ins Bad und strahlen sich einmal an! Nicht nur dies. Sie gehen an keinem Spiegel oder Schaufenster vorbei, ohne sich mindestens in Gedanken freundlich zuzuzwinkern. Wenn Sie Auto fahren, dann schauen Sie doch auch ab und an in den Rückspiegel, um sich kurz zu sehen. Dann schauen Sie sich in den nächsten vier Wochen strahlend selber an. Mehr nicht. Das ist alles.

Nach vier Wochen kennen Sie sich und Ihre Freunde Sie nicht wieder! Sie haben sich verändert. Sie werden überrascht sein. Wirklich.

Achten Sie darauf, dass Sie auch tatsächlich mit sich sprechen!
Nette Gedanken sind toll. Aber die Wirkung dieser Übung entfaltet sich umso

schneller, als dass Sie laut mit sich sprechen. So vielleicht: »Guten Morgen, heute ist ein neuer Tag. Schauen wir mal, was *wir* heute Schönes erleben können. Ich mag dich! Ich finde dich klasse!«
Meine Erfahrung in der Seminararbeit ist die, dass die meisten Teilnehmer an dieser Stelle schmunzeln und leicht ungläubig ihren Trainer anschauen. Den einen geht durch den Kopf: »Redet der wirklich so mit sich selbst?«, und andere fragen sich, was wohl die anderen denken würden, wenn sie erfahren würden, dass man sich selbst anlächelt und anspricht. »Das kann der Trainer doch nicht ernsthaft meinen!«

Doch er kann. Halten Sie diese Übung nur einmal vier Wochen durch. Tun Sie es, fragen Sie nicht. Und fragen Sie um Himmels willen andere nicht um Erlaubnis oder so. Probieren Sie es aus. Sie werden begeistert sein. Es wird Sie förmlich umhauen!

Und tun Sie sich selbst den Gefallen, sprechen Sie tatsächlich mit niemandem über Ihre Aktion. Selbst Ihrem Partner sagen Sie vor Ablauf der vier Wochen nichts.

Hinterher werden Sie es wahrscheinlich auch nicht mehr erzählen wollen, weil das Ergebnis wichtiger ist als der Weg dorthin. Es kann sogar sein, dass Ihre besten Freundinnen und Freunde nach der Sorte der Droge fragen, die Sie so verändert hat.

Was Sie aber ernsthaft tatsächlich erreichen werden, ist eine allmähliche Veränderung Ihrer Selbstwahrnehmung und Ihres Selbstbewusstseins. Sie werden beobachten, dass Sie sich in schwierigen Situationen viel sicherer fühlen und Menschen, die anders sind als Sie, viel schneller werden *drehen* können.

Sie wirken ab sofort sympathischer, ruhiger, anziehender, souveräner und begeistern Ihre Kundinnen dauerhaft!

In den vier Wochen Ihres Selbstversuches sollten Sie in jeden Spiegel lächeln, der Ihnen über den Weg *läuft*. Kniepen Sie sich doch mal zu. Vielleicht im

Schaufenster, vielleicht im Rückspiegel Ihres Autos!

Und wenn Sie alleine im Auto sind, dann denken Sie daran: Sprechen Sie laut. Ob Sie es glauben oder nicht: Ich mache das immer noch so.

Denken Sie sich, Sie könnten zu sich selbst sagen: »Ich bin meine beste Freundin. Ich halte zu mir. Ich glaube an mich!«

Dieses großartige, frohe Bild erhielt ich erst vor einigen Wochen von einer sehr motivierten Mitarbeiterin eines sehr großen Spezialisten für medizinische Hautpflegeprodukte. ... »Und was soll ich sagen, es wirkt!«, so diese Kollegin.

Die Geschichte mit dem Tausendfüßler

Es war einmal ein Tausendfüßler, der mit seinen tausend Beinen ganz fantastisch tanzen konnte. Wenn er tanzte, versammelten sich die Tiere des Waldes, um ihm zuzusehen, und alle waren von seiner Tanzkunst zutiefst beeindruckt. Nur ein Tier mochte den Tanz des Tausendfüßlers nicht leiden, eine Kröte. »Wie schaffe ich es nur, dass der Tausendfüßler zu tanzen aufhört«, überlegte sie. Sie konnte ja nicht einfach sagen, dass ihr der Tanz nicht gefiel. Und sie konnte auch nicht behaupten, sie könne selber besser tanzen, denn das würde ihr niemand abnehmen. Schließlich heckte sie einen teuflischen

Plan aus. Sie setzte sich hin und schrieb dem Tausendfüßler einen Brief.

»Oh, du unvergleichlicher Tausendfüßler!«, schrieb sie. »Ich bin eine ergebene Bewunderin deiner erlesenen Tanzkunst. Und ich wüsste gern, wie du beim Tanzen vorgehst. Hebst du erst das linke Bein Nummer 228 und dann das rechte Bein Nummer 59? Oder beginnst du den Tanz, indem du das rechte Bein Nummer 26 und dann erst das linke Bein Nummer 499 hebst? Ich warte gespannt auf deine Antwort. Freundliche Grüße, die Kröte.«

Als der Tausendfüßler diesen Brief bekam, überlegte er sich zum ersten Mal in seinem Leben, was er beim Tanzen eigentlich machte. Welches Bein bewegte er als erstes? Und welches Bein kam dann? ... Der Tausendfüßler hat fortan nie mehr getanzt! ...

Und die Moral von der Geschichte: Genau das kann geschehen, wenn das Denken die Fantasie und die Intuition erstickt!

Wie ist da Ihre Erfahrung? Die Fähigkeit, zu denken, ist so wunderbar. Aber, wie in dieser kleinen Geschichte beschrieben, diese Fähigkeit bedeutet nicht alles, um in einer Sache besonders gut und/oder glücklich zu sein oder zu werden. Die hohe Kunst in einer Sache, wie z. B. ein Instrument zu spielen, vielleicht das Schöpferische in der Kunst auszuleben, eine Kampfsportart zu beherrschen oder eine Sprache zu erlernen, können Sie nur unter Ausschluss des Denkens perfektionieren.
Dies bedeutet nicht, dass sich dumme Menschen professionalisieren können, sondern vielmehr dies, dass gerade die, die denken können, sich steigern können, wenn sie lernen, das Denken zu überwinden und sich der Intuition (dem Bauch) hinzugeben.

Zurück zu unserem Gedanken, das Unbewusste zu nutzen. Das Unbewusste kann durch Sie selbst oder durch andere Menschen beeinflusst werden. Und das ist für Ihre Zukunft entscheidend. Nämlich alles, was wir verinnerlichen, indem wir es glauben und/oder ständig wiederholen, das gewinnt in unserem »Zukunftsorgan« an Realität.

Erzählen Sie sich nur immer und immer wieder, dass Sie sowieso nicht sprachbegabt sind, dann werden Sie nie eine Fremdsprache erlernen können. Glauben Sie fest an Ihre Fähigkeiten, und Sie haben die Fähigkeiten. Glauben Sie, dass Sie viel zu kompliziert für eine Beziehung sind, und wiederholen Sie diesen Gedanken nur oft genug, dann sind Sie eine komplizierte Zeitgenossin, die anstrengend wirkt. Sie werden Recht behalten.

Glauben Sie, für Ihre Kundinnen die Beste zu sein, dann werden Sie es auch. Vielleicht glauben Sie, dass Ihnen die Arbeit an sich und der Erfolg Spaß machen, dann werden Sie sich mit wachsendem Vergnügen entwickeln. Dies beschreibt die Methode der Autosuggestion.

Egal woran ein Mensch glaubt, er behält immer Recht!
(Nikolaus B. Enkelmann)

Glauben Sie an Ihre Zukunft und malen Sie sich Ihren Zielzustand, so gut es eben geht, gedanklich aus. Dieses Bildermalen nennen wir visualisieren. Visualisieren Sie Ihren großen Verkaufserfolg. Stellen Sie sich vor, Sie halten Ihren Kaufvertrag in Ihren Händen. Wie fühlt sich dieses Papier dann an?

Vielleicht möchten Sie Ihr Handelsunternehmen vergrößern? Stellen Sie sich nur oft genug ein Bild vor, dass Sie im Sommer abends Ihr größeres Ladenlokal schließen und anschließend auf Ihrem eigenen Kundenparkplatz noch die Sommersonne glücklich genießen können. Fühlen Sie das? Sind Sie schon jetzt in der Lage, sich vorzustellen, wie Ihr liebster Mensch an Ihrer Seite Sie umarmen und herzen wird, weil Sie einen unglaublichen Erfolg erarbeitet haben? Je genauer Sie dies heute schon vordenken und vorfühlen können, umso selbstverständlicher wird Ihr Unbewusstes, Ihr Zukunftsorgan, Sie an Ihr Ziel führen!

Damit wir uns nicht missverstehen: Die Arbeit werden Sie schon investieren müssen. Aber es schafft sich leichter. Sie werden über sehr viel mehr Energien verfügen als all jene, die ihre Zukunft als Last empfinden lassen.

Das Unbewusste schläft nie, es wacht über Sie und Ihren Weg.

Egal wohin Sie wollen, es wird Sie nach vorne in Richtung Zukunft bringen. In der Psychologie gibt es einen feststehenden Begriff für dieses Phänomen: die *selbsterfüllende Prophezeiung*. Das Unbewusste sorgt dafür, dass das eintritt, was Sie sich wünschen, selbst wenn es nicht gut für Sie wäre.

Ihr Wunsch ist sein Befehl!

Kennen Sie den Unterschied zwischen positiv und negativ Denkenden?

Es gibt keinen! Beide sind einseitig Irrende. Nur, der positiv Denkende lebt gesünder, hat mehr Spaß im Leben und deutlich mehr Freunde!

Die Anekdoten-Technik

»Bilder sind die Sprache des Unbewussten!« Wir haben bereits die Wichtigkeit des Unbewussten bei den Kunden und der eigenen Person weiter oben behandelt. Und die Frage drängt sich auf, wie man denn rein praktisch diese Erkenntnisse des Eisbergs bzw. Schneemanns in die Arbeit mit den Kundinnen so einbauen kann, dass am Ende mehr Begeisterung und schlussendlich ein Mehr an Erfolg herauskommen wird?

Es sind die Bilder! ... Es geht immer darum, beim Gegenüber Bilder zu erzeugen. Überwiegend Bilder bewegen und beeindrucken das Unbewusste. Und unser Weg ist die Bildersprache. Sprechen wir lediglich den Verstand unseres Gegenübers an, so haben wir aus Sicht der Psychologen nur eine Chance von zehn Prozent, sofern wir tatsächlich den richtigen intellektuellen Nerv unseres Gegenübers treffen, dass die Kundin in unserem Sinne entscheidet. Sprechen wir hingegen mit einer bildreichen Sprache das Unbewusste unserer Gesprächspartnerin an, so können wir neben dem intellektuellen Anteil auch der Unterstützung aus dem Unbewussten zum Beispiel der Kundin sicher sein!

Seit mehr als 20 Jahren benutze ich hierfür die Erzählform einer Anekdote. Vielleicht mehr noch: Ich möchte Ihnen eine eigene Anekdotentechnik vorstellen, die Inhalte oder Appelle jeder Art in Form von Bildern transportieren hilft. So bietet die Anekdote sich als wunderschönes Hilfsmittel an, um beispielsweise etwas anzusprechen, was Sie sonst im Gespräch zur Vermeidung von schwierigen Situationen nicht direkt thematisieren können.

Stellen Sie sich einmal vor, da bedienen Sie eine Kundin, die nicht zu wissen scheint, dass die Anwendung eines Gesichtswassers bzw. einer Gesichts-Tonic morgens und abends nach Anwendung der Reinigungsmilch immer erforderlich ist. Jetzt einfach nur zu fragen: »Benutzen Sie denn keine Gesichts-Tonic?«, wäre nicht wirklich geschickt, oder?

Jetzt greifen Sie besser zur Anekdote: »Denken Sie sich, ich hatte vor einer Woche ... ach, was sage ich, nein, vor eineinhalb Wochen eine Kundin, die bisher noch nie ein Gesichtswasser benutzte. Dann habe ich ihr erklärt, dass die heutigen Gesichtswasser keinerlei Alkohole mehr beinhalten, die früher immer für das Austrocknen der Haut verantwortlich waren. Und als ich ihr dann noch berichtete, dass die heutigen Tonics die allerbesten Mittel sind, die ohne viel Aufwand den Säureschutzmantel der Haut wiederherstellen bzw. in Takt halten, da hat sie sofort zwei Flaschen mitgenommen!«

Jetzt kann Ihre Kundin ganz ungezwungen entscheiden, ob sie sich mit der *Vorgängerin* identifiziert und ohne Gesichtsverlust (Blamage) die bisher fehlende Anwendung eines Tonics eingestehen kann (weil sie bisher die Austrocknung ihrer Haut verhindern wollte!).

In einem Seminar in der Schweiz erhielt ich von zwei Damen einen heftigen Protest zur Anekdoten-Technik. Das sei alles nicht wahrheitsgetreu. Der christliche Glaube dieser beiden Damen sei gegen solche Technik. ... Ich gebe zu, das machte mich einen Moment lang sprachlos. Weder wollte ich zur kollektiven Unwahrheit noch zu unmoralischem Verhalten aufrufen.

Mir geht es vielmehr um eine Form, Themen oder besser noch Appelle so zum Ausdruck zu bringen, so einzusetzen, dass sie nicht verletzen oder despektierlich wirken. So können Sie beispielsweise, auch wenn Sie noch so recht empfinden, der Kundin nicht etwa sagen, dass sie in ihrem Alter doch besser die richtige Entscheidung zu treffen habe. Das geht einfach nicht, das erlauben die Umgangs- und Höflichkeitsformen nicht, selbst für den Fall, dass Sie Recht besäßen.

Diese Situation ist genauso »vertrackt«, wie folgende: Sie sind Mutter oder Vater eines zweijährigen Kindes. Ihr Kind malt Ihnen ein Bild. Das Kind präsentiert Ihnen nun das Bild, und es ist ganz stolz auf sich. Welche Mutter oder welcher Vater brächte es jetzt übers Herz, dem Kind die Perspektive oder den Goldenen Schnitt zu erklären? Wer würde »ehrlich« sagen, dass das Bild wirklich schrecklich aussieht? Nach allen bekannten Regeln der Kunst ist das vorliegende Bild furchtbar schräg. ... Obwohl für den Liebenden niemals! ... Ist das unwahr? Nein! Ist es nicht. Wenn wir als Eltern die Bilder unserer Kinder betrachten, dann sehen wir »dahinter«. Wir sehen die Mühe, die Liebe und die Begeisterung für dieses Bild. Ein solches Gemälde »kann« niemals schlecht oder falsch sein!

Andere Situation: Sie sind bei Ihrer Mutter mit Ihrer Familie zum Essen geladen. Ihre Mutter ist schon deutlich in die Jahre gekommen. Eigentlich möchten Sie nicht, dass Ihre Mutter sich so viel Arbeit macht. Aber die alte Dame freut sich immer so sehr über den Besuch, dass Sie es nicht übers Herz bringen, Ihr abzusagen. Ihren Kindern, die Sie mit zur Oma nehmen wollen, machen Sie klare Ansagen, dass sie nicht meckern oder vorlaut werden sollen.
Und nun wird aufgetischt. Kartoffeln, Gemüse und ein Sonntagsbraten. Leider, weil Ihre Mutter nicht mehr richtig sehen kann, hat sie die Gewürze ein *wenig* vertauscht. Wer, der ein Herz in der Brust hätte, würde dann dieser alten Dame erklären wollen, wie furchtbar es schmeckt? … Nein, wir würden essen! »Mutter, es schmeckt wie immer wunderbar!« … Gelogen? Nein, »geliebt«!

»Schatz, schmeckt dir mein Essen?« Bitte sagen Sie die Wahrheit, wenn es wirklich schmeckt. Das macht Sinn. Denn dann werden Sie auch in der Folgezeit immer wieder diese köstliche Kreation serviert bekommen. …

Und wenn es nicht schmeckt, vielleicht dies: »Liebling, dein Essen schmeckt sehr besonders! … Ich kann mir vorstellen, dass es zu dieser Frage unterschiedliche Antworten gäbe. … Ich für meinen Teil finde besonders die Kruste des Fleisches gut gelungen!«
Schauen Sie, Ihr Mann oder Ihre Frau wird wissen, ob es wirklich gut oder nicht so gut gelungen ist. Sie aber sagen im letzten Beispiel nicht die Unwahrheit, sondern sehr, sehr liebevoll, dass Sie mitbekommen haben, dass er oder sie sich so viel Mühe gemacht hat.

Die 6 Schritte zur perfekten Anekdote!

Nach vielen Jahren der Anwendung und steten Perfektionierung dieses Instrumentes, möchte ich Ihnen die folgenden sechs Schritte vorstellen und dringend zur Anwendung empfehlen.
Wenn ich Ihnen die Inhalte der Reihe nach vorstelle, dann ist dies kein echtes Schema, sondern vielmehr wie eine *Garantie* für viel Unterhaltung Ihres Gegenübers. Sie werden Ihre Wirkung nicht verfehlen.

Jeder Kunde hat ein Recht auf Unterhaltung!

Kennen Sie das auch von sich selber? Sie fühlen sich gut verstanden und perfekt unterhalten. Das macht doch Ihr Gegenüber sympathisch und steigert Ihre Kauflaune!

Um es auf den Punkt zu formulieren: Die Anekdote ist zwar eine erfundene Geschichte, die erzählt wird, aber der Inhalt, der Kern, der ist wahr! Dient eine »Geschichte« dazu, Vorteile zu vermitteln oder neue Aspekte behutsam anzubieten so ist dies ein wunderbares Mittel, anderen zu einer guten Entscheidung zu verhelfen.

Bitte machen Sie sich an dieser Stelle noch einmal deutlich, dass keine Kundin gezwungenermaßen in Ihrem Hause ist. ... Wären Sie ein Handlungsreisender, der ungebeten an den Türen seiner potenziellen Kunden klingelte, so könnten Sie mit Anekdoten vielleicht in die ethische Bredouille kommen. ... Ihre Kundinnen kommen zu Ihnen, weil bisher noch niemand wirklich überzeugender war oder ist, als Sie es möglicherweise aus Sicht der Kundin sind oder sein können!

Ihre Kunden *wollen* unterhalten werden!

Die Anekdote macht es weiterhin sehr gut möglich, über sich selber etwas Positives in Form einer erzählten Referenz zu erzählen! Noch besser: Sie können endlich ohne Hemmungen Ihre Besonderheiten und Alleinstellungsmerkmale wirksam präsentieren!

Schritt 1: Verständnis aufbauen – »ich verstehe Sie!«

Denken Sie sich diesen ersten Schritt wie den Start einer Einwandbehandlung. Da ist es auch wichtig, mit einer sogenannten Abfangformulierung die Kundin auf die eigene Seite zu bekommen. Besser noch: Es gelingt, auf die Seite der Kundin zu gelangen.

Die Kunst des Verkaufens ist es immer, aus der Perspektive der Kundin das Produkt oder das Angebot betrachten zu können.

Frei nach der Devise: »Ich bin auf Ihrer Seite« – geht es nun darum, der Kundin klarzumachen, dass ihre letzte Aussage sehr gut nachvollziehbar ist. Am besten ist es auch hier, wenn Sie tatsächlich »Ich verstehe Sie!« in Ihre Formulierung mit einbauen können.

So zum Beispiel: »Frau Kundin, gut, dass Sie darauf hinweisen. Sie haben vollkommen Recht. Diesen Punkt müssen wir unbedingt beachten!« Oder: »Das, was Sie da ansprechen, ist sehr wichtig. Klasse. Kann ich gut verstehen, dass Sie das beschäftigt. *Mein Mann (meine Frau)* ist bei solchen Entscheidungen auch eher vorsichtig!« ... Wenn Sie »mein Mann« oder »meine Frau« lesen, dann verhält es sich hierbei ähnlich wie bei Misses Columbo, die seit 40 Jahren zitiert, aber schlussendlich niemals anwesend war. Immer wenn Inspektor Columbo etwas zu sagen hatte, ohne sich selber in Schwierigkeiten bringen zu wollen, tat er dies stets mit den Aussagen seiner (möglicherweise imaginären) Frau.

Um den Sinn und Zweck dieses ersten Schritts zu verdeutlichen, sollten Sie sich folgendes Zitat von Antoine de Saint-Exupéry in Erinnerung rufen:

»Sich zu lieben bedeutet nicht, sich in die Augen zu schauen! Sich zu lieben bedeutet, gemeinsam in eine Richtung zu blicken!«

Gemeinsamkeiten zu schaffen, ist wichtiger, als Gegenpositionen aufzubauen und damit zu konfrontieren. Konfrontationen sind nie geeignet, Lösungen zu finden.

Schritt 2: »Ach, übrigens …«

Dieser zweite Schritt ist denkbar kurz und dennoch wichtig! Mit diesem »Ach, übrigens …« kommen Sie scheinbar zufällig, gerade weil Sie jetzt über dieses Thema sprechen, auf ein Erlebnis genau passend zu diesem Thema. »Zufälle gibt es, die gibt es gar nicht …!«

»Herr Kunde, wo wir gerade darüber sprechen …« Oder: »Frau Kundin, da fällt mir gerade in diesem Zusammenhang ein …«

Je beiläufiger Ihnen der »Einfall« kommt, umso besser! Dieses »Ach, übrigens …« sorgt für einen widerstandsfreien Übergang in die Bildergeschichte, die nun folgt.

Schritt 3: Zeitliche Korrektur einbauen

Es gibt Geschichten, die zu schön sind, um wahr zu sein! … Meist glauben Sie gewissen Erzählungen nicht und wissen noch nicht einmal warum. … Ich bin der Überzeugung, ich kann Ihnen helfen: Die Geschichten, die viel zu perfekt erzählt werden, wirken zu glatt, zu geschliffen. Der unbewusst wahrgenommene Kontrast zwischen dem wahren *eckigen* Leben und dieser *runden glatten* Geschichte ist zu groß und wirkt daher unglaubwürdig.

Und wenn jemand tatsächlich eine Geschichte glätten und schön machen wollte, dann doch sicher mit einer Absicht, oder? Wahrscheinlich, weil sie nicht stimmig, womöglich erfunden ist?

Mit anderen Worten: Wollen Sie perfekt »erfundene« Geschichten erzählen, dann ist es wichtig, immer eine eigene Korrektur einzubauen! … Stellen Sie sich bitte vor, da will Ihnen einer einen Bären aufbinden. Würden Sie damit rechnen, dass dieser sich mitten in seiner »erfundenen« Geschichte korrigiert? …

»Ach, übrigens (2. Schritt!), wo Sie gerade dieses Thema ansprechen, da hatte ich letzte Woche … letzte Woche? … entschuldigen Sie, was rede ich nur, ich meine vorletzte Woche ebenfalls eine Kundin …«

Übrigens, statt der zeitlichen Korrektur, können Sie auch offensichtlich bedeutungslose Nebensächlichkeiten einbauen oder beides.

Bereits als Kind fiel mir auf, dass es eigentlich zwischen der sogenannten Wahrheit und der offensichtlichen Lüge keinen echten Unterschied geben kann. Lediglich das Bewusstsein oder der zugrunde liegende Gedanke entscheidet darüber, was aus Sicht des Erzählers historisch-kritisch erzählt oder frei erfunden wird. Und jetzt raten Sie einmal, wer mich wie auf diesen Gedanken gebracht hat? ... Sie kommen nicht darauf: Es war meine Mutter! Das Verrückte an diesem Umstand ist, dass gerade sie es sein wollte, die mich zu einem wirklich wahrhaften Menschen erziehen wollte. ... Keine Sorge, es hat funktioniert, aber weil sie in ihrem Bemühen um die beste Methode maßlos übertrieb, rief sie meine Neugierde oder auch meinen »Forscherdrang« damit auf den Plan.

Damit wir Kinder zuhause immer schön die Wahrheit sagen sollten, behauptete meine Mutter tatsächlich, dass sie die Lüge sofort und bei jedem im Gesicht ablesen könne. Das fand ich spektakulär! Zum einen wollte ich das unbedingt auch können, und zum anderen hätte ich dann auch ein Gegenmittel gegen allzu durchdringende Röntgenblicke entwickeln wollen.

Ich sage Ihnen, ich habe stundenlang vor dem Badezimmerspiegel gestanden und versucht, herauszufinden, wie je nach Aussagetyp (erfunden oder wahr) mein Gesicht, mein Mund, meine Nasenpartie oder Sonstiges seine Form verändern würden.

Und irgendwann dämmerte es mir. Es konnte unmöglich das Aussehen, es müssen vielmehr die Inhalte bzw. die Erzählform selber sein, die Verdacht machten oder nicht.

Meine These konnte ich wunderbar untermauern, indem ich mir klarmachte, dass beispielsweise im Mittelalter ja nicht automatisch alle Menschen mit schiefen Mundwinkeln herumgelaufen sein werden, nur weil sie glaubten und sagten, dass die Erde eine Scheibe sei. ... Heute wissen wir, dass dies die Unwahrheit war. Aber damals wurde für diese »Wahrheit« getötet. Selbst der viel gepriesene Pythagoras tötete im Namen der Wahrheit einen seiner besten Schüler, weil dieser den Zahlenbereich der unnatürlichen Zahlen entdeckt und verkündet hatte. Interessant, oder?

Und dann machte ich das Experiment meines Lebens! Ich forderte meine so sichere Mutter zum Duell. … Eines Tages kam ich von der Schule deutlich verspätet nach Hause. Irgendwo hatte ich absichtlich Zeit vertrödelt, um jetzt zur Höchstform aufzulaufen. Schnell noch mit den Händen durch den Straßendreck, dann durchs Gesicht und kurz über die Kleidung gestrichen. Ich sah fürchterlich aus!

»Kind, was ist dir denn passiert? Wie siehst du aus?« … Und nun kam folgende Geschichte zum Einsatz: »Oh Mama, bitte nicht schimpfen!« (Was Sie nicht wissen können und ich deswegen der Vollständigkeit halber noch ergänzen muss, ist die Tatsache, dass zu meiner Kinderzeit mitten in einem sehr dicht bewohnten Stadtviertel von Köln, direkt neben meiner Schule, eine chemische Fabrik ihre stinkende Arbeit verrichtete.) »Mama, du weißt doch, dass ich auf dem Nachhauseweg immer bei dem Pförtner an dieser Fabrik vorbeikomme. … Da ist der Herr Meier. Und der hat seit einigen Wochen einen süßen Schäferhund-Welpen. Der ist so süß! Ab und an darf ich mit dem Hund spielen. Der Hund heißt Rexi! … Nun ja. Und heute durfte ich tatsächlich mit dem Mann einmal auf einen seiner Schornsteine steigen. … Oh Mama, das war ein so herrlicher Ausblick! Wenn du da oben bist, dann musst du nur schnell genug sein, um dem Rauch ausweichen zu können. Dann, wenn der Wind sich plötzlich dreht! … Mama, das war so toll!«

Wenn ich ganz offen dies hier heute schreiben darf: Ich freue mich heute noch »ein Loch in den Kopf« angesichts der Fassungslosigkeit meiner Mutter. … Dies war ein Punktsieg auf ganzer Linie! … Von wegen *Gesichtserkennung*! ... Selbstverständlich gab es weder einen Herrn Meier, noch einen Hund, den ich kannte.

Und die Moral von dieser kleinen *wahren* Geschichte?

Seien Sie bitte vorsichtig im Umgang mit Ihren Kindern. Zwar macht manchmal die omnipotente Aura als Mutter oder Vater in der Erziehung Sinn, aber sie ruft auch sicher Ihre Kinder auf den Plan, Sie und Ihre Fähigkeiten zu hinterfragen!

Schritt 4: Indirektes Kompliment setzen

Bevor Sie nun die Geschichte erzählen, die es zu erzählen gilt, um die Kundin einen anderen Aspekt erkennen zu lassen, müssen wir noch etwas für den Bauch tun! … Sie lesen richtig.

Wenn Sie sich noch an die Ausführungen zum Eisbergphänomen erinnern möchten, so wissen Sie, dass 90 Prozent aller Entscheidungen aus dem sogenannten Bauch, dem Unbewussten heraus getroffen werden. Und ob Sie es glauben oder nicht, der Bauch ist sehr narzisstisch. Er mag es total, geehrt und gelobt zu werden.

Jetzt haben wir es aber leider mit einer paradoxen Eigenart der allermeisten Menschen zu tun. Nämlich der, dass zwar einerseits jeder gelobt und bewundert werden will, aber andererseits Lob und Bewunderung auf das Heftigste abgelehnt und abgewehrt werden. Ziemlich merkwürdig, oder?

Vielleicht liegt es daran, dass wir alle, oder sagen wir fast alle, nicht genügend gelobt und anerkannt worden sind. Dies ist kein Vorwurf, sondern lediglich eine Beobachtung. Und irgendwann richten wir uns als Erwachsene, weil wir nun wirklich das Leben und unseren Platz im Leben kennen, auf die nicht ausreichend vorhandenen Anerkennungen ein. »Wir sind so, wie wir sind!« Das fängt meistens harmlos an: »Niemand ist perfekt« bis »Ich bin nicht perfekt.« Oder »Ein Mann muss nicht schön sein« bis »Wir machen alle Fehler!«

Nun ja, eigentlich ist an diesen Sätzen nichts besonders. Dumm wird es nur, wenn Ihnen dann einer ein Lob plötzlich unvermittelt *rüberfaxt*: »Das ist perfekt!« … »Ach was. Nicht wirklich. Das war überhaupt keine Sache.« Oder besser noch: »Du bist ja echt der Kracher!« … »So ein Blödsinn, ich mache hier nur meine Arbeit, mehr nicht!« Noch anders: »Du, ich finde, du bist ein gutaussehender Mann!« »Jetzt hör aber auf! Was willst du eigentlich von mir?«

Persönlich glaube ich, dass die meisten Menschen Lob, Anerkennung und Komplimente ablehnen, um ja nicht in die Verlegenheit kommen zu müssen, ihre Sicht der eigenen Erscheinung oder Persönlichkeit überdenken zu müssen. Es würde alles Bisherige so sehr infrage stellen.

Und genau aus diesem Grund arbeiten wir also mit einem nicht direkten bzw. mit einem indirekten Kompliment. Die Wirkung ist genial. Sie spenden Ihrer Kundin nicht einfach ein Kompliment, sondern vielmehr machen Sie einem Dritten ein Kompliment und vergleichen Ihr Gegenüber mit diesem Dritten. Besser noch: Sie setzen Ihr Gegenüber mit dem gerade gelobten, anerkannten oder bewunderten Dritten gleich!

Statt: »Sie sind (doch) eine kluge Frau!«, können Sie selber viel leichter sagen: »Da hatte ich mit einer Frau gesprochen, auch so in Ihrem Alter. Sie war sehr gut vorbereitet und wirkte sehr klug auf mich. Einfach klasse. ... so wie Sie! ... Und die sagte dann ...«
Ein anderes Beispiel: Statt: »In Ihrem Alter sollten Sie keine Kompromisse mehr machen!«, können Sie sehr viel klüger Folgendes formulieren: »... Dann sprach ich mit dieser Dame, eine sehr präsente Frau. ... Einfach bewundernswert. Was für eine gestandene Persönlichkeit! ... Ich glaube, Sie beiden sind sich da sehr ähnlich! ... Und dann sagte diese Dame plötzlich: ›Ich bin nicht mehr jung genug, um falsche Entscheidungen zu treffen!‹ ... Da wollte ich noch was erwidern, dann sagte diese Frau weiter: ›Ich habe mein Leben lang gearbeitet, jetzt bin ich dran, mir etwas zu leisten!‹ ... Was sollte ich da noch sagen?«

Schritt 5: Geschichte mit Referenz, mit Beweisführung

»Endlich«, werden Sie denken. Ja, jetzt erst dürfen oder sollten Sie Ihre »Geschichte« zum Besten geben! In dieser Phase des lustigen Anekdotenbaus geht es darum, Gemeinsamkeiten mit dem jetzigen Gegenüber und der erfundenen Dritten zu schaffen. Hierzu muss Ihr Gegenüber mitbekommen, dass seine Geschichte die gleiche zu sein scheint, wie die Geschichte, von der hier berichtet wird.
Die Kundin, die Sie erfundenermaßen zu Wort kommen lassen, verbindet auffällig viel mit Ihrem jetzigen Gegenüber. Diese *Dritte* hat sich doch

tatsächlich mit der gleichen Frage wie Ihr Gegenüber beschäftigt. … »Und stellen Sie sich vor, Frau Kundin, die Kundin (vor ihnen) beschäftigte sich mit dieser Frage genauso wie sie. ... Und dann sagte doch die Kundin (ganz überraschend) zum Schluss des Gespräches …«

Dies bedeutet, dass wir natürlich die Dritte zu einer klaren Aussage kommen lassen. Ob Sie es bereits geahnt haben oder nicht: Diese Dritte sagt zufällig genau das, was jetzt *Sie* am liebsten Ihrem Gegenüber unverblümt, aber leider unmöglich, zu sagen hätten! Sei es ein sattes Eigenlob, einen Widerspruch oder einen Appell, endlich zur Tat zu schreiten.

Beispiel: Ihre Kundin fragt sich, ob sie nicht doch noch ein weiteres Angebot einholen sollte. … »Frau Kundin, ich finde das völlig in Ordnung, dass Sie noch woanders schauen möchten. Hier geht es ja auch um etwas sehr Wichtiges! … Übrigens, das ist jetzt höchst interessant. Ich hatte erst vor einer Woche, es war der Freitag … sorry, jetzt werfe ich etwas durcheinander, nein, es war der Donnerstag ... Da hatte ich hier auch eine Dame. Eine gestandene Frau. Wahrscheinlich aus dem Management?! Sie stellte so viele wohldurchdachte Fragen … Ich glaube sogar, dass Sie sich sehr ähnlich sind. … Auf jeden Fall kamen wir, so wie heute, an die gleiche Stelle des Gespräches. … Ich erklärte ihr meine Arbeit und warum die meisten Kundinnen uns bisher immer weiterempfohlen haben. Da stutzte diese Frau einen Moment. … Ich dachte schon, ich hätte zu viel geredet. … Dann sagte sie plötzlich: ›Liebe Frau Kosmetikerin, ich schätze eine fachkundige persönliche Beratung und Produkte, die ihren Wert haben …!‹ … Und Frau Kundin, was soll ich sagen: Sie hat sofort gekauft!« …

Schritt 6: Emotionaler Abschluss

Zum guten Schluss kommt immer eine Pointe! Aber diesmal, in unserer »gebastelten« Anekdote, als emotionaler Höhepunkt und Abschluss.

Wenn Sie dies aus Sicht des Eisbergs einmal überdenken möchten, so fällt Ihnen sofort ins Auge, dass genau dieser Abschluss es ist, der dafür sorgt, dass alles an Geschichte und Aussage in den Bauch des Gegenübers eindringen kann.

Oder anders ausgedrückt: Stellen Sie sich vor, die oben geschilderte Anekdote mit dem Ergebnis, dass die Kundin doch tatsächlich gekauft hat, würde nahezu emotionslos vorgetragen. Am besten noch mit hängenden Backen und völlig stupide. … Na? … Ganz offen? … Dann könnten Sie diese Anekdote komplett vergessen. Wichtig ist es jetzt, sich freudig zu zeigen. Strahlen Sie den Kunden an. Es gibt nichts Entwaffnenderes, als jemanden anzustrahlen!

Das wirkt so ähnlich wie das sogenannte Kindchen-Schema. Wenn ein Säugling oder ein Kleinkind einen Erwachsenen anstrahlt, dann kann der Erwachsene das Kind nur lieben und beschützen wollen. Das ist die Macht des Strahlens, die Macht der Natur, die möchte, dass wir für Kinder durchs Feuer gehen! Und das ist völlig in Ordnung.
Ein jeder, der einigermaßen gesund in der Seele geblieben ist, wird bei einem lächelnden Kind zurücklächeln müssen!

Und ganz genauso, so vermute ich, wirkt Ihr Lächeln sozusagen »infektiös«!

Bereits vor rund 2.500 Jahre schreibt Laotse im Tao Te King den mittlerweile weltberühmten Satz: »Wer nicht lächeln kann, macht kein Geschäft!«

Übrigens: Wussten Sie, dass nahezu in allen weiblichen Kontaktanzeigen das Wort und der Wunsch an den Partner »Humor« die häufigste Nennung ist?

Na, dann zählen wir doch einmal eins und eins zusammen, oder? Wenn also die Kosmetik in Ihrem Institut überwiegend von Frauen eingekauft wird und Ihre Entscheidungsträgerin tatsächlich bewusst oder möglicherweise unbewusst auf Humor steht, ja dann möchte Ihre Kundin Sie lächelnd und mit Freude erleben!

Und jetzt erzähle ich Ihnen von meinen Erfahrungen im Seminar. Da gibt es einige, die schütteln den Kopf und denken und sagen es auch: »Lieber Herr Linn, das ist doch logisch und ein alter Hut!« … Wissen Sie was? Ich freue mich dann immer. Und nahezu immer sind es diejenigen, die den ganzen Tag über schon von Natur aus freundlich waren!

Es gibt aber auch eine andere Fraktion. Wahnsinn! Das sind Menschen, die mich ungläubig bis verächtlich mustern und den Seminarleiter für völlig überzogen und verrückt halten!

Ja, was soll ich Ihnen sagen? Die meisten von uns können ja noch nicht einmal spontan *lächeln*! ... Da gehe ich im Seminar auf Menschen zu und fordere sie auf, jetzt ihr schönstes Lächeln aufzusetzen. Und was kommt? ... »Ich bin doch kein Komiker!« ... Nein, gute Frau, guter Mann, das sind Sie nicht! Sie sind eine Verkäuferin, ein Verkäufer, die oder der unterhalten will. Es geht nicht um Sie, es geht um die Kundin, die im Schnitt für Kosmetik und kosmetische Behandlungen in Ihrem Institut ca. 2.500 Euro im Jahr ausgeben möchte.
Diese Kundin steht oder sitzt nun vor Ihnen, hat (noch) nicht bei der Nachbarkosmetikerin vorbeigeschaut und kennt noch nicht das Sortiment des Apothekers an der Ecke, und sie fragt sich ganz eindeutig: Warum gerade bei Ihnen? ...

Probieren Sie einmal folgenden Versuchsaufbau: Sie kommen morgens in Ihr Geschäft und sehen die ersten Mitarbeiterinnen. Meistens eher merkwürdig drauf, vielleicht sogar schlecht gelaunt. Egal. Und nun gehen Sie auf eine Mitarbeiterin zu und sprechen sie wie folgt an: »Guten Morgen, Frau Mitarbeiterin. Geht es Ihnen gut?« ... »Ja klar. Alles in Ordnung«, antwortet in aller Regel diese Dame. Und nun legen Sie nach: »Und warum sieht man es nicht?«

Meinen Sie nicht auch, dass es tausende Gründe gibt, jeden Tag mit einem Lächeln zu beginnen? ... Gut, jetzt wird die eine oder andere einwenden, dass ich längst nicht ihre Umstände, Mann oder Kinder, kennen würde. ... Ja, die kenne ich nicht! Und wissen Sie was? Sie kennen weder meine Umstände, meine Frau noch meine Kinder, aber darum geht es auch nicht! Nicht etwa, dass ich mich je beklagen wollte, aber ist Ihnen bewusst, wie gut, wie *saugut* es uns gerade geht?

Kommen Sie mir bloß nicht mit Krise! ... Selbst bei der sogenannten Krise aus dem Jahr 2009 ergeht es uns Deutschen noch sehr gut. ... Immerhin sind wir das viertreichste Land der Erde, der Lebensstandard ist enorm, wir sind weder religiös noch politisch bedroht oder verfolgt. Wir können glauben oder sagen, was wir wollen. ... Wir können lieben, wen wir wollen.

Ist das nicht ein Grund, das Lächeln wieder neu zu erfinden?

So oder so, unsere Kundinnen sind nicht unsere Seelentrösterinnen! Was auch immer uns belastet, die Kundinnen sind nicht unsere Klagemauer, sondern möchten wissen, dass alles in Ordnung ist! ... Die Kundinnen möchten gute Gefühle empfinden, damit sie sicher sein können, auf das richtige Pferd gesetzt zu haben. ... Geben Sie ihnen gute Gefühle und lächeln Sie sie an! ... Jetzt!

Freuen Sie sich demonstrativ. ... Vielleicht sogar über eine perfekt erzählte Anekdote?! Ihre Kundinnen werden es lieben.

Von wegen erfunden!

Und das Beste kommt zum Schluss! Wissen Sie was? Es ist tatsächlich so, dass Sie eigentlich überhaupt keine »Geschichten« erfinden müssten, wenn Sie nur aufmerksam hinhören wollten und sich Notizen machten!

Wie oft haben Sie Kundinnen im Geschäft, die Sie loben. Wie oft Kundinnen, die von anderen Kundinnen berichten, die Sie und Ihr Geschäft in den hellsten Tönen gelobt haben.

Und nun wieder die merkwürdige Psychologie: Auch Sie möchten eigentlich Lob und Anerkennung, doch auch Sie überhören diese gerne! Wie oft haben Kundinnen Sie begeistert in den Himmel gehoben, und Sie haben vermutet, dass die Kundinnen womöglich betrunken waren. Wie oft haben Kundinnen ihre Begeisterung zum Ausdruck gebracht, und Sie haben abgewiegelt, weil Ihre Leistungen doch so selbstverständlich seien.

Aber, wieso sind Sie so bescheiden? ... Denken Sie sich einmal folgende Aufgabe: Sie schreiben nur einen Monat lang alle positiven Kundenaussagen in eine Kladde. Schreiben Sie!

Und jetzt kommt das Wunderbare. Auch Sie werden noch so kritisch anerkennen müssen, dass sich so viele Kundinnen nicht geirrt haben können. Schreiben Sie es sich auf, damit Sie es nicht vergessen, was Ihre Kundinnen bewegt hat, bei Ihnen – ausgerechnet bei Ihnen – einzukaufen und anschließend sogar noch begeistert zu sein.

Und jetzt wird es richtig spannend: Sie werden plötzlich die besten Anekdoten (von denen wir weiter oben berichtet haben) aufgeschrieben finden – besser noch als erfunden! – viel mehr erlebte, erzählte und erfühlte Bekundungen Ihrer Kunden, die Sie eigentlich immer hätten nutzen können!

Wenn Sie bisher *nur gewöhnlich* gewesen wären, würde es Sie jetzt schon nicht mehr geben! … Das ist die Wahrheit!

Ist Ihnen eigentlich bewusst, dass jede Kundin, die zu Ihnen in Ihr Institut kommt, Ihnen damit bescheinigt, dass sie augenblicklich keine Kosmetikerin kennt, mit der sie zufriedener wäre als mit Ihnen?

Eindeutiger wird es, wenn die Kundin zu Ihnen wiederkommt. Niemand ist für diese Kundin besser, als Sie es sind! Wer würde sich schon im Bereich Luxus – und Kosmetik ist blanker Luxus! – mit Zweitklassigkeit zufriedengeben? … Sie sind erstklassig! Sagen Sie es. Bestätigen Sie die getroffene Entscheidung Ihrer Kundin, indem Sie von einer Kundin erzählen, die Sie mit einem großartigen Lob ganz verlegen machte …

Zur Präsentation Ihrer Alleinstellungsmerkmale

Also Hand aufs Herz: Machen Sie sich Gedanken zu den wichtigsten Grundfragen Ihres Verkaufserfolges. Warum kommt die Kundin zu Ihnen und will bei Ihnen Kosmetik kaufen?

Was macht Ihre Kosmetik als **Produkt** so außergewöhnlich? … Was genau?

____

____

____

____

____

____

Was macht Ihr **Institut** so außergewöhnlich, dass die Kundin nur bei Ihnen kaufen kann – ja kaufen muss –, wenn die Kundin wüsste, dass:

____

____

____

____

____

____

Und … was macht **Sie als Menschen** so außergewöhnlich, so suchtgefährdend? Wo und in welcher Sache sind Sie einmalig, unverwechselbar?

____

____

____

____

____

____

Und denken Sie sich jetzt, was Sie gemeinsam mit diesen Alleinstellungsmerkmalen und der Anekdotentechnik ausrichten können. …

Zum ersten Male können Sie, ohne rot werden zu müssen, sich ganz simpel und einfach vor den Kundinnen *selber* loben! Sie können Ihr bestes Argument, Ihre Alleinstellungsmerkmale, so präsentieren, dass es die Kundin nicht mehr überhören kann. Oder anders gesprochen: Sie sind nicht mehr davon abhängig, ob und wann eine Kundin begreift, wie gut Sie sind. Sie helfen einfach selber nach. Sehr bestimmt und sehr charmant.

Und wenn Sie Ihre Alleinstellungen wirklich kennen, dann können Sie irgendwann auch einmal zu Ihren neuen wie alten Kundinnen sagen: »Liebe Frau Kundin, ich muss Sie aber ernsthaft vor der neuen Behandlung mit mir warnen! ... Meine Behandlungen und ich, wir machen süchtig!«

Kommen Sie ins Seminar und testen Sie die Anekdoten mit mir zusammen aus. Sie werden begeistert sein.

Und noch eins: Wenn Sie die Anekdoten niemals lernen wollten, niemals einsetzen würden, so könnten Sie niemals feststellen, wie unglaublich gut und effizient diese Anekdoten sind.

Kunden wollen unterhalten werden! Ja, dann legen Sie los!

Und denken Sie daran: Wenn die Kundin wirklich die billigste Kosmetikerin suchen würde, ganz sicher, ganz sicher käme sie dann nicht zu Ihnen! Warum nicht? ... Na, weil Sie ein Kosmetikinstitut repräsentieren, das nicht gerade nach billig »aussieht«. Im Umkehrschluss kann das aber nur heißen:

Jede Kundin, die zu Ihnen kommt, hat im Geiste schon die Möglichkeit des preisintensiveren Abschlusses *akzeptiert*. Helfen Sie ihr, Recht zu behalten, dass es sich lohnt!

Das Genius-Konzept

Durch den ersten Teil dieses Buches zieht sich ein roter Faden, der beschrieben werden kann mit: »Es gibt *keine* alles entscheidende Verkaufstechnik, ... vielmehr kommt es auf die richtige Einstellung an!«

Dieser Leitgedanke im ersten Teil bildet sozusagen das solide Fundament, um der nachfolgenden *Technik* gedanklich und praktisch folgen zu können.

Vielleicht liest sich dies paradox, aber beide Ansätze (*Technik ist nicht entscheidend, und diese Technik funktioniert und ist wichtig*) schließen sich nicht gegenseitig aus, sondern ergänzen sich zu einem wesentlich besseren Verständnis eines erfolgreichen verkäuferischen Konzeptes. Wie Sie wissen, ist ein Produkt längst nicht ein Konzept oder ein Gespräch längst kein Gesprächskonzept. In der Wortbedeutung von »Konzept« steckt die Planung.

Vielleicht haben Sie den ersten theoretischen Teil dieses Buches ausgelassen, um sehr viel schneller auf den wesentlichen Teil dieses Konzeptes zu stoßen? Prinzipiell geht das, aber Sie sollten sich im Hinblick auf Ihr eigenes Bauch-Fundament den Gedanken des ersten Teils dieses Buches stellen!

Grundsätzlich gilt, dass keine Verkaufstechnik für sich allein genommen erfolgreichere Verkäufer machen kann. Denken Sie sich zum Beispiel einen durchtrainierten Versicherungsverkäufer. Der hat gelernt, an der Haustüre seine Gesprächseröffnung so ausgefeilt zu präsentieren, dass er mit größtmöglicher Wahrscheinlichkeit Einlass beim Kunden erhält. Seine Gesprächsformulierung wurde mit Punkt, Komma, Gesprächspausen bis hin zur Intonierung gefeilt und geschliffen. Hier ist nun kein Platz mehr für Individualität. Nichts wird dem Zufall oder der persönlichen Einschätzung des Verkäufers überlassen. Er funktioniert perfekt, vielleicht langweilt er aber den Kunden und schlimmstenfalls stößt er den Kunden ab. Die alles entscheidenden Komponenten aus Sicht des Eisbergphänomens, wie Menschlichkeit, Mitgefühl und vertrauensbildende Maßnahmen, bleiben möglicherweise (nicht aber zwangsläufig) auf der Strecke.

Sie erinnern sich noch an den Eisberg? ... 90 Prozent der Kaufentscheidung eines Kunden werden im Bereich des Unbewussten entschieden!
Der Weg zum Kunden führt daher immer erst über den Bauch (im Modell des Eisbergs gesprochen: als Sitz des unbewussten Anteils). Erst danach erhalten wir die Möglichkeit, sozusagen uns an seinen Kopf richten zu dürfen. Dieser Logik folgend wird damit auch verständlich, warum im ersten Teil des Buches vorrangig der Bauch und nunmehr erst im zweiten Teil der Kopf im Verkaufsprozess angesprochen werden muss.

Was nützt das beste Gefühl, wenn die übergeordnete Strategie im Verkaufsgespräch fehlt?

Gibt es Gesprächsstrategien, die zum Erfolg führen? Gibt es Strategien, die in der Anwendung einfach sind? Ich glaube ja! Es gibt Strategien, die einfach in der Anwendung sind und zum größtmöglichen Erfolg führen, vorausgesetzt, der Unterbau der Verkäuferpersönlichkeit ist stimmig und solide.

So sind immer erst die Grundlagen der Verkaufs-Rhetorik bzw. -Psychologie und die Frage der richtigen Einstellung des Verkäufers zu sich selbst und seinem Job gefordert, bevor die Technik ins Rennen geschickt wird.

Die Grundlagen sind verstanden, die richtige Einstellung und Motivation vorhanden? Wenn ja, dann können wir beginnen und einen weiteren Schritt machen.

Bevor wir nun mit den elf Stepps des Genius-Konzeptes beginnen, möchte ich noch eine Lanze brechen, die mir auf dem Herzen liegt. Wenn Sie sich mit mir auf den Weg machen, alle elf Stepps durchzuarbeiten, dann ist es nicht so, dass nun alle elf Stepps nur so und nicht anders vollzogen werden sollten. Noch weniger geht es überhaupt um genau abgezählte elf Schritte zum Erfolg. Vielmehr ist es mir ein Anliegen, Ihnen anhand von elf wichtigen »Meilensteinen« aufzuzeigen, was Sie am Ende des Gespräches erfolgreicher sein und werden lässt, als Sie und Ihre Mitbewerber es je sein konnten.

Im Wesentlichen ist ein Gespräch wie ein Fluss. Es fließt ohne Aufhebens. Erst bei genauerer Betrachtung fallen gewisse Besonderheiten auf, nämlich wie dem einen eine Flussüberquerung glückt und der andere daran scheitert. Und selbst diese Formulierung klingt mir viel zu sehr nach »schwarz oder weiß«. Lassen wir uns gemeinsam schauen, was uns noch ein Stückchen erfolgreicher machen kann, als andere es sind.

Stepp 1: Begrüßung der Kundin

Eigentlich ist es ganz einfach, und doch macht für die meisten Kosmetikerinnen gerade dieser erste Schritt die größten Probleme.

Wie sollen wir die Kundinnen willkommen heißen? Mit oder ohne Handschlag? Warten wir, oder gehen wir offensiv auf sie zu und sprechen sie an?

Lachen Sie nicht, das sind wirklich ernsthafte Fragen!

Wenn erst einmal das Gespräch gut aufgenommen wurde, dann sind die meisten Kosmetikerinnen wirklich klasse. Aber, um dorthin zu kommen, zeigen wir irgendwie verklemmte Züge oder wirken urkomisch.

»Was kann ich für Sie tun?« oder »Kann ich Ihnen helfen?« Nichts gegen Hilfsbereitschaft unserer Verkäuferkollegen, aber wieso sollte eine Kundin Hilfe benötigen? Viel wahrscheinlicher ist doch, dass es der Kundin um eine sehr gute kosmetische Behandlung und sehr gute Produkte geht, oder? ... Sollte es den Kundinnen einmal nicht um sehr gute Behandlungen und Produkte gehen, dann sind sie sowieso bei Ihnen an der falschen Adresse!

Denken Sie sich heute Abend in einem Club der einsamen Herzen eine Dame, die alleine am Tisch sitzt und an einer Cola oder einem Wein vor sich hin nippt. Da kommt ein gutaussehender Mann auf sie zu und fragt: »Bist du auch alleine?« … Na? Wie *ungünstig* ist denn das? Merken Sie was? Vielleicht ist der Mann wirklich ein netter, aber die Frau wird doch, wenn sie alle Sinne beieinander hat, das Gespräch lieber abwiegeln, oder?

Da möchte ich als Alternative eine Ihrer Kolleginnen zitieren. Sie spricht regelmäßig ihre Kunden etwa so an: »Sie möchten sicher etwas ganz Besonderes für Ihre Haut erleben, oder?« ... Dabei strahlt die Kosmetikerin einfach die Kundin an! Wer soll denn jetzt noch erwidern, dass es möglichst billig sein solle?

Bei Ihnen geht es um Luxus! Stellen Sie sich die Situation nur einmal vergleichsweise bei einem Uhrenhändler vor, der besonders hochwertige Uhren anzubieten hat. Glauben Sie allen Ernstes, dass Sie mit solch einem Verkäufer um den Preis seiner Uhren verhandeln könnten? So wenig es beim Kauf einer Luxus-Uhr um die Anzeige von Zeit geht, so wenig geht es bei Luxus-Kosmetik um die schlichte Pflege der Haut!

Unterstellen Sie bitte immer den Luxusgedanken. Etwas anderes passt nicht zu Ihnen. Und wenn Sie dann noch strahlen, dann sind Sie unwiderstehlich!

Die Sache mit dem Handschlag

Seit mehr als zehn Jahren schulen wir Kosmetikerinnen aus ganz Deutschland, Österreich und der Schweiz. Und eine Diskussion wird immer noch vehement geführt: Sollen wir die Kundin mit Handschlag begrüßen oder besser nicht?

Ein Argument gegen den Händedruck wird immer in den Vordergrund geschoben, nämlich dass wirklich niemand mehr einer Kundin die Hand gäbe. Dies sei nicht mehr zeitgemäß, sei unüblich! ... Erst recht unüblich bei fremden Kundinnen.

Ich kann nur antworten: Herzlichen Glückwunsch! Das ist bereits das wichtigste Motiv für mich, schon weil es die anderen nicht praktizieren, es zu tun.

Stellen Sie sich mit Handschlag vor, und zeigen Sie, dass Sie Format haben, dass Sie anders sind!

Wissen Sie eigentlich, dass wir in Zentraleuropa in einem Raum leben, der geprägt ist vom abendländischen Gedanken- und Kulturgut? Ich selbst kann nicht zuverlässig recherchieren, seit wann die Menschen sich in unseren Breiten zur Begrüßung und zur Verabschiedung die Hände reichen. Ich schätze, dies findet seit hunderten von Jahren statt.

Wichtiger noch ist aber, dass nahezu in jeder Kultur und in jeder Region, Menschen, wenn sie aufeinandertreffen, Körperkontakt zur Begrüßung zum Ausdruck von »guten Absichten« suchen. Und dies ist wörtlich zu nehmen. Kontakt von Haut zu Haut. Selbst durch Handschuhe im Winter sich zu begrüßen, scheint in Sachen vertrauensbildende Maßnahmen nicht ausreichend zu sein. Die Menschen, denen es wichtig ist, dem anderen seine Ehrerbietung zu zeigen, die ziehen doch glatt die Handschuhe aus!

Aus energetischer Sicht ergibt sich ein weiterer interessanter Aspekt: Sobald sich zwei Menschen oder mehrere berühren, wird aus den jeweiligen einzelnen Systemen ein einzelnes größeres entstehen. Und in diesem größeren System wiederum hat jedes Energiesystem »freien Zugang« zu jedem anderen Beteiligten. ... Das liest sich sicher ein wenig verrückt, oder? Vielleicht ist das so? Vielleicht aber auch nicht. Ich persönlich glaube, dass solche Dinge sehr zuverlässig funktionieren und nicht in der Funktions- und Wirkungsweise von uns, den Betrachtern, abhängig wären. Diese Phänomene warten nicht etwa auf unsere verstandesmäßige Erlaubnis, um wirken zu dürfen. Sie tun es einfach.

Ein von mir in der Seminararbeit sehr gerne benutztes Beispiel ist das Beispiel mit der Schwerkraft. ... Der Schwerkraft ist es völlig gleichgültig, ob Sie oder ich es verstehen, warum und vor allem, wie sie funktioniert. Sie macht auch in der Wirkungsweise keine Unterscheidung, ob Sie nun einer der klügeren sind und sie schon etwas besser verstehen. ... Von wegen Magnetismus aus dem Erdinneren! Denn damit könnten Sie auch nicht erklären, warum zum Beispiel ein Wattebausch (obwohl er nachweislich keine Metallteilchen enthält) von dem riesigen Erdmagneten angezogen werden soll.

Im umgekehrten Falle aber wissen Sie, dass ein verweigerter oder nicht angebotener Händedruck eher ein Ausdruck des zurückhaltenden Misstrauens ist. So haben Sie eine Einladung zu einem Bankgespräch. An der Türe steht ein wichtiger Bankmanager, der Sie nun begrüßt. Hände auf dem Rücken verschränkt, Brust leicht nach vorne gestreckt. Na? Was würden Sie wohl empfinden, was hier zum Ausdruck kommt?

Sie wissen doch, am Händedruck erkennen Sie Ihr Gegenüber! – und Ihr Gegenüber erkennt Sie.

Oder anders: Ein Händedruck sagt mehr als tausend Worte. Und da dieser Händedruck sozusagen in beide Richtungen funktioniert und Botschaften überträgt, kann zum einen Ihre Kundin feststellen, mit wem sie es hier zu tun hat. Zum anderen können Sie in Sekundenschnelle erkennen, wer da wie (und in welcher Verfassung) vor Ihnen steht.

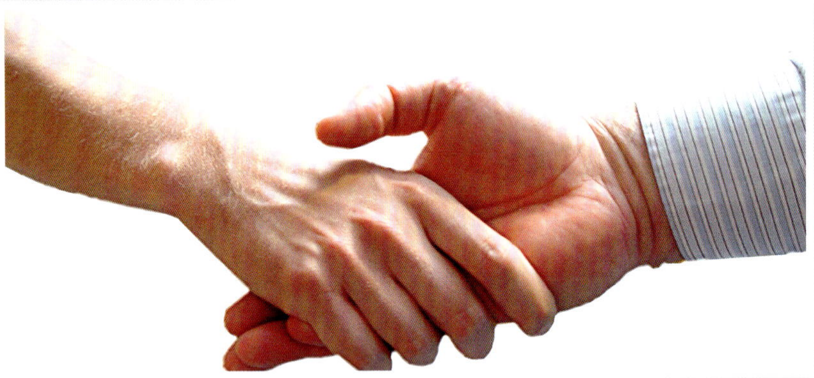

Angenommen der Verkäufer (in dem oberen Bild die rechte Hand) begrüßt den Kunden mit solch einer Schlabberhand. Der Kunde realisiert in einem solchen Beispiel, dass dieser Verkäufer keine Kompetenz besitzt. Der Kunde *fühlt* sich, so begrüßt, nicht angemessen bedient und wird zu 99 Prozent keine Entscheidungen treffen. Vielleicht ist eine Ausnahme denkbar, wenn tatsächlich zwei Weichpfoten aufeinandertreffen. Vielleicht.

Ein kompetenter Händedruck ist ein *angemessener* Händedruck. Der Kunde wird begrüßt und der Händedruck des Verkäufers gleicht dem Druck des Kunden! Nicht mehr und nicht weniger.

Und was nun, wenn die Kundin mal butterweich oder knallhart zufasst? Eigentlich ist es Ihnen egal, wie sie nach Ihrer Hand greift. Wichtig ist nur, dass sie es tut. Denn sie gibt Ihnen mit dem Händedruck die Marschrichtung vor.

Sollte eine Kundin eher ihre Weichpfote präsentieren, so wird Ihnen schnell klar sein, dass Sie wohl eher sanft überzeugen. Ein zu schnelles Auf-den-Punkt-Kommen würde die Kundin wahrscheinlich überfordern.

Sollte aber Ihre Kundin beispielsweise sich mit dem harten Händedruck vorstellen, so brauchen Sie nicht viel Fantasie, um zu realisieren, dass Sie ziemlich zügig auf den Punkt kommen sollten und dürfen.

Oder noch ein ganz anderes Beispiel: Denken Sie sich einen Verkäufer mit einem schlaffen und ausdrucklosen Händedruck. Der Kunde greift sozusagen ins Leere. Na, was glauben Sie, wird nun der Kunde fühlen? Was denkt er dann, und noch konkreter, was wird der Kunde anschließend tun?

Und denken Sie jetzt noch ein wenig weiter: Sie sind dieser Kunde und möchten viel Geld für Ihre Schönheit und Ihr Wohlbefinden ausgeben. Machen Sie ja auch nicht jeden Tag! … Und dann ein solcher Verkaufskünstler! … Denken Sie bitte noch weiter: Sie möchten eine fähige kompetente Frau als Kosmetikerin haben. … Und dann so eine tiefgekühlte Schlaftablette. … Das ist doch furchtbar! Oder? … Wieder ein Einwand: »Herr Linn, hören Sie, es gibt Kulturen, da darf man nicht einen festen Händedruck anbieten!« … Na und? Dann nicht! Die Damen oder Herren, die beispielsweise dem moslemischen Glauben angehören, glauben Sie mir, die machen Ihnen schon klar, was sie möchten. Kein Problem. Die Männer geben Ihnen ganz weich die Hand – und Sie erwidern diesen Handdruck ebenfalls weich. Wie ich schon sagte, kein Problem. Und die moslemischen Frauen? … Nun, wenn sie sich zurückhalten wollen oder müssen, dann ist es gut so, wie es ist.

Und alle anderen, und das sind mindestens 99 Prozent, sonst stimmt etwas an Ihrem Äußeren nicht, erwidern Ihren Handschlag und greifen ebenfalls zu. Das macht das Gespräch von Anfang an sympathisch! …

Und was ist mit den *ansteckenden Krankheiten, wie zuletzt mit der Schweinegrippe*? … Darf man da noch Hände schütteln? Wahnsinn, aber in beinahe jedem Seminar kommt auch immer dieses Thema auf den Plan. Einmal davon abgesehen, dass alleine schon die Namensgebung »Schweinegrippe« ein wenig dümmlich wirkt, ist es so, dass jemand, der diesen H5N1-Erreger in sich trägt und zu verbreiten droht, Sie nicht nur über Händedruck anstecken kann. … Dieser Kunde hustet und verteilt in Ihren Räumen mehr oder minder gleichmäßig seine viralen Grüße an Sie. Jetzt neulich in einem Werbespot von der Firma, die Sagrotan-Desinfektionsmittel bewirbt, im Werbefernsehen gesehen: Da sprüht die Mutter der Familie sogar den Telefonhörer zuhause ein, damit eine mögliche *Schweinegrippe* sich nicht in diesem Haushalt ausbreiten könne. Das ist der Megawahnsinn! … Glauben Sie mir bitte kein Wort, sondern informieren Sie sich am besten bei Ihrem zuständigen Gesundheitsamt. Schon wenn Sie nicht in *ausreichenden* Mengen mit Desinfektionsmitteln arbeiten wollten, verschlimmern Sie mit unübersehbaren Folgen die Ausgangssituation. Die kleinen Keime lieben es wie verrückt, wenn sie statt der für sie tödlichen Dosis nur so ein bisschen Desinfektionsmittel abbekommen. Das macht das Erlernen von Gegenstrategien so verblüffend leichter. Ruck, zuck ein Paar Generationen weiter, und Ihre heutigen Keime werden aufgrund der nicht vollständig korrekten Desinfektion zu Superkeimen mutieren. Diese Keime sind dann so resistent geworden, dass dann tatsächlich kein Kraut mehr gewachsen ist, um denen Herr zu werden. Da hilft dann kein Desinfektionsmittel mehr weiter! …

Wollten Sie sich gegen H5N1 schützen, so wie wir uns bereits vor der »Vogelgrippe« haben schützen können, so sollten Sie auf gutes Essen, einen gesunden Lebenswandel und viel frisches Obst setzen.
Alle Kindergärtnerinnen können Ihnen das bestätigen: Der ständige Kontakt mit allem, was ansteckend ist, macht Sie zu einem supergesunden Menschen! … Und das Gegenteil ist auch längst wissenschaftlich anerkannt. Je mehr Sie sich vor »Keimbelastung« schützen wollen, desto anfälliger werden Sie gegen nahezu jede Form von schwerer Krankheit!

Entscheidend ist immer die Augenhöhe!

Augenhöhe meint hier nicht nur den Augenkontakt in gleicher Höhe (oder Ebene), sondern vielmehr die Augenhöhe im Sinne der Gleichberechtigung. Menschen suchen im Allgemeinen immer Menschen aus, die ähnlich oder gleich in Sachen der eigenen Selbstwerteinschätzung scheinen.

So wird eine schüchterne Persönlichkeit sich nur bei solchen Menschen wohlfühlen, die ebenfalls schüchtern scheinen. Und der forsche Extrovertierte wird sich ein Gegenüber suchen, das ihm entspricht. So macht das Einkaufen Spaß.

Die Kommunikationswissenschaft definiert folgende Regel: »Sobald wir im Gespräch mit unserem Gegenüber die (subjektive) Augenhöhe verlassen, können wir keine Einigungen mehr herbeiführen!« Solange das Selbstwertgefühl beider Beteiligten in einem Gespräch als gleich oder sich entsprechend empfunden wird, ist eine Verständigung möglich!

Der eine womöglich verhält sich überheblich, wertet den anderen ab – und schon ist Verständigung nicht möglich. Der andere wertet sich vielleicht selber ab (und somit das Gegenüber auf) – eine Verständigung ist unmöglich! … Hierbei ist es vom Ergebnis einer möglichen Einigung im Gespräch völlig unerheblich, wer welche Differenz in der Wahrnehmung bzw. in dem gelebten Selbstwertgefühl zu verantworten hat und wer nicht. Entscheidend ist nur, dass es diesen Unterschied *gibt*!

Rein körpersprachlich lassen sich solche subjektiven Wahrnehmungen recht gut beeinflussen. So macht es immer Sinn, sich tatsächlich auch rein praktisch, also auf der körperlichen Ebene, auf Augenhöhe zu bewegen. Sitzt ein Kunde, so setze ich mich auch – steht ein Kunde, so stehe ich ebenfalls. Und wenn eine Kundin auf der Behandlungsliege liegt, dann ist eine Verständigung im Sinne einer Vereinbarung nicht sinnvoll! Lassen Sie das und warten auf die Zeit nach der Behandlung.

Wie würde jeder mitfühlende Mensch mit einem Kleinkind ins Gespräch kommen? … Immer auf Augenhöhe. Und wie wäre das? … Immer würde der Erwachsene sich zum Kind herunterbeugen bzw. in die Hocke gehen. Das schafft für das Kind Vertrauen und löst die vormals unüberbrückbare Distanzierung (nach oben hin) auf!

Stepp 2: Die emotionale Freundschaftswerbung

Dieser zweite Stepp ist eigentlich nicht im strengsten Sinne die Nummer zwei in der Rangliste. Mir geht es vor allem aber darum, dass Sie sofort nach der Eröffnung des Gespräches in die gesteigerte Aufmerksamkeit gehen, um herauszufinden, was mein Kunde gegenüber von mir jetzt am meisten benötigt! Übrigens, wenn Sie einmal schwanger bzw. werdender Vater waren, dann kennen Sie den Effekt sehr gut. Plötzlich, bei gesteigerter Aufmerksamkeit, sieht man nur noch Dinge, die man vorher kaum sah. Jetzt sind es andere schwangere Frauen! … Je mehr Sie mit Ihrer Aufmerksamkeit in das Thema des folgenden Kapitels gehen, desto mehr wird Ihnen auffallen. … Je weniger Sie das hier interessiert, desto weniger werden Sie es nutzen können. Irgendwie logisch, und es ist irgendwie auch ein Dilemma. Erst muss ich meine Aufmerksamkeit verändern, und dann folgt die neue nutzbare Erkenntnis – niemals umgekehrt!

Also, was nützt das beste Eisbergmodell, wenn es nicht zur Anwendung kommt? Nichts! …

In dem ersten Teil dieses Buches haben wir erarbeiten können, dass tatsächlich jedwede Entscheidung eines Menschen wesentlich durch das unbewusste Prinzip beeinflusst wird. Das, was wir denken können, dies, was durch unseren Verstand zu leisten ist, ist lediglich nur zu zehn Prozent an unseren Entscheidungen im Leben beteiligt. Das Unbewusste dominiert mit 90 Prozent unser Leben und steuert uns einem *Autopiloten* gleich. Das Unbewusste beeinflusst unser Verhalten nahezu unbemerkt an unserem Verstand (dem Bewusstsein) vorbei. So beschreibt der Autor Bas Kast, dass bereits im Supermarkt die Beschallung mit Akkordeonmusik ausreichend ist, um den Umsatz der französischen Weine steigern zu helfen. Stellt man nun die Musikrichtung auf bayerische Blasmusik um, so werden wesentlich mehr deutsche Weine verkauft.

Das unbewusste Prinzip ist wesentlich für unsere Gefühlswelt verantwortlich und umgekehrt beeinflussen Gefühle das Unbewusste sozusagen in die entgegengesetzte Richtung.

Somit wird jedem klar, dass, wenn schon 90 Prozent der Einkaufsentscheidungen des Kunden aus einem nicht bewussten Prinzip heraus entschieden werden und zudem dieses Prinzip wesentlich über Emotionen zu erreichen ist, unser Verkaufsprozess wesentlich emotionaler gestaltet werden *muss*!

Prinzipiell beginnt die emotionale Phase mit einem Lächeln – mit Freundlichkeit. Eigentlich selbstverständlich. Damit ist aber keine aufgesetzte unecht wirkende Freundlichkeit gemeint, sondern viel, viel mehr ein Strahlen aus einem glücklichen Gesicht!

Der nächste Zwischenschritt in Sachen *emotionaler Freundschaftswerbung* ist das genaue Zuhören. Was sagt die Kundin wie? Ein Beispiel: Sie sagt: »Ich muss wieder etwas für meine Haut tun, der Job fordert mich sehr!«

Na, was will Ihnen *diese* Kundin sagen? Die Kundin wirft Ihnen einen Spielball zu, den Sie bzw. wir fangen müssen.

Nichts in einem Gespräch geschieht wirklich zufällig!

Wenn Sie einfach und zügig nur auf Ihre Behandlungsmöglichkeiten zu sprechen kommen: »Frau Kundin, da habe ich eine ganz tolle Behandlung für Sie!«, dann haben Sie rein fachlich sicher alles richtig gemacht. Menschlich emotional allerdings haben Sie die Kundin nicht beachtet.

Die Kundin will gelobt werden! Sie will Anerkennung. Und zwar von Ihnen: »Frau Kundin, das hört sich ja nach einem anstrengenden Job an. Darf ich fragen, was machen Sie genau?«

Ein Beispiel aus dem Privatleben kennen Sie alle. Stellen Sie sich vor, Sie sind eine Frau, die sich mit Anfang vierzig noch einmal verliebt hat. Eigentlich ein Grund, lautlos zu brüllen und die ganze Welt zu umarmen. Aber das trauen Sie sich nicht mehr. Warum nicht? Nun ja, Ihre letzten Versuche, die Liebe Ihres Lebens zu finden, gingen so erfolgreich aus, dass Sie jetzt schon wieder auf der Suche sind. So ist es eben! (Übrigens: Falls Sie augenblicklich in einer solchen Situation sind, so lassen Sie sich ein wenig trösten: Es gibt 3,5 Milliarden Frauen und noch einmal so viele Männer. Meinen Sie nicht auch, dass da doch noch einer oder eine für Sie dabei sein sollte? ... Und noch eines: Wir leben in einer Zeit, die es so noch nie gab. Wir können nämlich tatsächlich noch einmal umentscheiden, ohne direkt geköpft oder anders geächtet zu werden!)

Und jetzt sitzen Sie mit Ihrer besten Freundin zusammen und möchte ein wenig von Ihrer Begeisterung über den neuen Freund loswerden. Das kennen Sie! Da platzt man nicht einfach so heraus: »Du, ich habe da einen Neuen«, sondern gerade angesichts der Lebensreife berichtet man es vorsichtig, webt sozusagen das Thema gekonnt in den Rest einer eher belanglosen Erzählung: »Danke der Nachfrage, ganz gut. Ich war am Wochenende nach langer Zeit wieder einmal Radfahren. ... Du kennst die Stelle, da hinten am See entlang. ... Und mein neuer Freund ist ja so romantisch!« ... Pause. Nichts passiert. Jetzt plötzlich Ihre Freundin: »Ich glaube, ich muss auch noch einmal Radfahren. Das ist gut für die Gelenke, und wer braucht nicht immer wieder auch einmal frische Luft, die einem um die Nase weht!« ... Schon jetzt würden Sie vor Aufregung, vielleicht sogar Wut, am Liebsten in die nächste Tischplatte beißen. Da sie aber Ihre beste Freundin ist, geben Sie ihr noch einmal eine Chance: »Ja stimmt, Luft um die Nase ist wirklich klasse. Übrigens, er heißt Peter. Und er ist so geschickt. Und wie er es versteht, mit den Kindern umzugehen, die kennen ihn ja eigentlich noch nicht so lange. Er ist wunderbar!« ... Jetzt wieder Ihre Freundin: »... Aber bevor ich das Rad benutzen kann, muss ich es einmal in die Werkstatt bringen. Sicher ist sicher!«

Na, raten Sie einmal. Das Gespräch wäre in Windeseile beendet. Sie wären sauer über so viel Ignoranz. ... Und genau so ergeht es unseren Kundinnen!

Merke: Alles, was Ihnen erzählt wird, woraus Sie aber nicht wirklich einen Nutzen für sich erkennen können, ist dennoch nicht zufällig erzählt. Die andere will oder braucht etwas von Ihnen!

Merke: Was jemand nicht erzählen will, erzählt er auch nicht! Dies bedeutet, dass alles Erzählte auch transportiert werden wollte!

Also loben wir ein wenig. Das kostet uns nicht wirklich Mühe, und die andere wertet es extrem auf. … Noch besser: Und schon weil es die meisten nicht können oder nicht wollen, machen wir es. Wir loben und erkennen unsere Kundinnen an. Das sichert uns direkt und unmittelbar einen Standortvorteil!

Ein Kundin, die am Wochenende das Haus voller Gäste hat, will, dass *Sie* es hören! Sie möchte Ihnen erzählen und dafür beachtet werden, dass sie eine gute Gastgeberin ist, dass sie organisieren kann, dass ihr für gute Freunde kein Aufwand zu groß ist. Was auch immer es sein kann, sie will gerne mehr erzählen, wenn Sie sie lassen, denn: *Sonst hätte sie es nicht erwähnt!*

Wie sagt der Kölner: »Wovon das Herz voll ist, läuft der Mund über!« Und noch einmal: Wenn diese Kundin dieses Thema nicht gewollt hätte, dann hätte sie es auch nicht angesprochen!

Vielleicht noch eine kleine Anekdote hinterher? »Frau Kundin, wo Sie das gerade ansprechen. Mein Mann ist auch ein geselliger Mensch. … Er ist am glücklichsten, wenn wir Gäste haben oder die ganze Familie da ist. Dann ist mein Mann in seinem Element. … Ach, es macht ihn sehr glücklich …«

Es geht in diesem Kapitel darum, zu begreifen, dass unsere Kundinnen etwas loswerden wollen und wir die Chance nutzen können, ja sogar *müssen*, sympathischer als alle anderen zu werden, indem wir diese *Spielbälle* kurz aufnehmen! Es wäre unhöflich, nicht zu reagieren und würde Abstand schaffen!

Wer andere groß macht, wird selber groß!

Wenn Kundinnen so etwas sagen, wie: »Wir haben uns gerade ein neues Auto gekauft«, dann ist es doch nicht wirklich schwer nachzufragen, welches Auto sie gekauft haben, oder?

Wollte eine Kundin dies nicht angesprochen wissen, so würde sie das Thema nicht ansprechen! Sie als Kosmetikerin fragen ja nicht: »Gut, die Behandlung möchten Sie haben. Ist die Frage nur, ob Sie es sich auch noch leisten können … Haben Sie sich etwa in den letzten Wochen ein neues Auto gekauft?« … Also die Kundin erwähnt ihr Auto. Sie fragen nach und die Kundin beschreibt, dass sie ein Auto XYZ mit einem Zwei-Liter-Turbodiesel gekauft hat, dann freuen wir uns mit. Das ist emotionale Freundschaftswerbung pur.

»Ich habe heute nicht so viel Zeit, morgen fahren wir in den Ski-Urlaub!« Wir fragen nach dem Urlaubsziel und dem Ski-Fahren. ... »Wir ziehen gerade in unser neues Haus!« – »Darf ich fragen, haben Sie gekauft oder selber gebaut?« Das schafft Sympathie! … »Wir haben gebaut!« »Alle Achtung, das ist eine Menge Arbeit!« »Und wie, wir haben schon seit drei Jahren keinen Urlaub mehr gemacht.« …

Weitere Ansatzpunkte sind natürlich: die Kinder, Haustiere, Sammlungen, Einrichtungsgegenstände, Hobbys, Sport, Beruf und vieles weitere mehr …

Beachten Sie, um es noch einmal auf den Punkt zu bringen, dass niemand irgendetwas *zufällig* erzählt. Immer, vielleicht bewusst (also gezielt) oder unbewusst (die Beweggründe sind selber nicht immer klar), verfolgt Ihr Gegenüber ein Ziel.

Wir müssen lediglich nur zuhören, und schon haben wir viele Möglichkeiten, der Sympathieaufnahme und der *Werbung* von Freundschaften! … Apropos Freundschaften:

Behandle immer Deinen Kunden, wie einen guten Freund!

In diesem zweiten Stepp der emotionalen Freundschaftswerbung bauen wir gute Sympathien zum Kunden bzw. zur Kundin auf. Und dies setzt wiederum voraus, dass wir uns selber sympathisch sind! … Vielleicht überprüfen Sie ab und an noch einmal Ihre persönliche Einstellung oder Sie beherzigen die Übung aus dem Kapitel: Kosmetik für die Seele!

Stepp 3: Klärung des Budgets

Viele Kosmetikerinnen verwechseln die sogenannte Budgetfrage mit einer Preisdiskussion. Sie glauben, wenn man viel zu schnell auf den Preis zu sprechen komme, in dem man die vorhandene Budgetvorstellung erfragt, würde man die Kundinnen entweder vergraulen oder sich mit einer vorgezogenen Preisverhandlung das Geschäft ruinieren. Eine gekonnte Budgetfrage bewirkt genau das Gegenteil! … Außer, eine Kosmetikerin würde fragen: »Wie teuer darf es denn werden?« Dies wäre wirklich ein Eigentor und gehörte in die Rubrik: *Auftragsverhinderungstaktik*.

Stellen Sie sich vor, Sie haben ein freundliches Gespräch eröffnet, den Bedarf der Kundin erkannt, bieten das Beste an, was die Kundin aus Ihrer Sicht bekommen kann, wollen zum Abschluss kommen und die Kundin droht plötzlich bei der Nennung Ihres Preise zu kollabieren. Sie sehen Ihre Kundin wirklich betroffen vor sich zusammensacken. Sie lässt die Schultern fallen, gibt auf und kommentiert: »Dass es so teuer ist, hätte ich nicht gedacht. Es tut mir leid, aber so viel Geld kann ich nicht ausgeben!« Wir haben, ohne zu wissen, über welche finanziellen Möglichkeiten die Kundin verfügt, genauer betrachtet, ohne ihre eigene Vorstellung der beabsichtigen Investitionssumme, ins Blaue hinein verkauft. Zugegeben, es hätte funktionieren können, … aber diese beinahe Russisches-Roulette-Nummer geht viel zu oft zu unseren Ungunsten aus. Verkaufen ist kein Glücks- oder in diesem Falle vielmehr kein *Pech*-Spiel! – sondern macht bei professioneller Anwendung viel Spaß und bringt uns die nötigen Aufträge!

Eine Kundin, die nicht kaufen will, ist keine Kundin! Dies soll bedeuten, dass Sie grundsätzlich keine Kundin verlieren können, nur wenn Sie sich nach einem Preisrahmen erkundigen. Dies auch angesichts der Tatsache, dass Ihre Kundinnen bei Ihnen nur Luxus erwarten und keine Kundin in Ihr Institut kommt, um zu sparen! ... Sollte eine potenzielle Kundin aufgrund der Nachfrage nach einem Preisrahmen das Weite suchen, so ist das eher hilfreich für Sie. Denn diese Kundin passt nicht in Ihr Konzept! Und das wiederum kann man gar nicht früh genug herausfinden. ... Oder mit anderen Worten: Eine Kundin, die nicht kaufen will, kann man nicht verlieren!

Die Budgetfrage macht aus meiner Sicht nur Sinn, wenn Sie Behandlungsserien verkaufen möchten oder wenn es um Wertigkeiten fern von 150 Euro aufwärts geht. Als Beispiel: Eine Kundin möchte eine sichtbare Hautverjüngung in den nächsten sechs Wochen erreichen.

»Frau Kundin, die sichtbare Hautverjüngung ist ein Aufwand von circa acht Behandlungsterminen und wir brauchen, auf Ihre Haut abgestimmt, folgendes Produkt, welches Sie auch morgens und abends zuhause zur Unterstützung anwenden sollen. Wir kommen etwa auf einen Aufwand von 1.200 Euro. Ist das für Sie in Ordnung?«

Je früher wird den Preisrahmen, das Budget, klären, umso besser!

Je selbstverständlicher Sie diese Klärung herbeiführen können, desto zielsicherer kommen Sie unter Einsatz von deutlich weniger Zeit zu Ihrem Auftrag. Unsere Kundinnen werden weder frustriert noch unter- oder überfordert. Wir arbeiten professionell! Viel Spaß.

Stepp 4: Klärung des Wunschtermins

Nachdem wir nun die preislichen Vorstellungen ermittelt haben, müssen wir unbedingt auch noch die terminlichen Wünsche der Kundinnen erfragen. Hört sich vielleicht komisch an, ist aber gerade bei Zielvereinbarungen (Denken Sie daran, Sie arbeiten ergebnisorientiert!) sehr wichtig.
Gibt es bestimmte Anlässe, auf die hingearbeitet werden soll? Oder soll eine

sichtbare Verjüngung der Haut so schnell als möglich erreicht werden? Notieren Sie sich bitte demonstrativ das jeweilige Kundenziel in Ihre Karteikarte so, dass es die Kundin sieht! Anhand der Zeitvorgabe ist es nachfolgend sehr viel leichter, bestimmte Maßnahmen und/oder Produkte vorzuschlagen.

Stepp 5: Die Bedarfsanalyse

Offensichtlich ist es, dass Kundinnen, die zu uns in unser Institut kommen, tatsächlich unsere Leistungen und Produkte wollen. Insofern scheint der Bedarf der Kundin eindeutig.

Aus meiner Sicht geht es aber vielmehr um die Frage, was die Kundin wirklich erreichen, haben oder erleben möchte. Und bei genauer Betrachtung stellt man fest, dass häufig genug die offensichtlichen Bedarfe aber nicht die sind, die eine Kundin sucht.

Bedarf erkennen heißt: die Ideen hinter einem Produkt und/oder einer Dienstleistung der Kundinnen zu verstehen! Jede Kundin denkt sich ihre eigenen Ideen, ihre eigenen Strategien aus einer Kombination von Eigeninitiative, fremder Hilfe und dem Einsatz oder Erwerb von Produkten aus.

Ein Beispiel: Angenommen eine Kundin sucht die schnelle unproblematische Pflege für den Start in den Tag und trifft auf eine Kosmetikerin, die pausenlos nur von ihrer neuen Pflegeserie berichtet, die so wunderbar mit allen anderen Produkten harmonisiert. Und dann sei da noch ein ganz seltener Spezialpilz aus der Hochebene der Anden eigens in dieses Produkt eingearbeitet worden. Ganz selten und ganz kostbar.
Sie ahnen es schon, die Kundin fühlt sich nicht wirklich angesprochen, weil ihre Idee einer gut zu handhabenden Kosmetik, die, wenn es auch einmal schnell gehen muss, dann noch zuverlässige Dienste leistet und beispielsweise rasch einzieht und direkt zu überschminken ist.

Sicher können Sie einwenden, dass es immer wieder auch Kundinnen gäbe, die sich dennoch so ansprechen ließen. Kann sein. Das gleicht aber eher aus meiner Sicht einem Glücksspiel. Selbstverständlich können und dürfen wir Glück haben. Hier geht es aber um berechenbare Strategien zur Steigerung des Auftrags- und Verkaufsvolumens.

Wie Sie nicht mit Glück, sondern mit Strategie den Bedarf der Kundinnen identifizieren, funktioniert als Erstes sehr gut mit den sogenannten offenen Fragen.

Stellen Sie offene Fragen!

»Was ist für Sie bei der Auswahl der richtigen Kosmetik besonders wichtig?« Würden Sie einfach nur fragen, *ob* es etwas Wichtiges geben würde (geschlossene Frageform, auf die nur mit Ja oder Nein zu antworten ist), was bei der Auswahl der Produkte zu beachten sei, bekommen Sie nicht wirklich befriedigende oder weiterführende Antworten. (Der Unterschied ergibt sich alleine schon durch die Wahl der Frageform.)

„Haben Sie schon Erfahrungen mit dieser neuen Pflegeserie gemacht?" Antwortet die Kundin mit einem »Ja«, was wissen Sie dann wirklich? Auch ein »Nein« bringt Sie nicht weiter. Denn eigentlich wollen Sie doch nur wissen: »Mit welchen Produkten haben Sie bisher gute und nicht so gute Erfahrungen gemacht?« Also nicht »Haben Sie ...?«, sondern »Welche haben Sie ...?« Okay?

Ein zweites Instrument sind zwei kleine Fragen, die Ihnen zielgerichtet viele Informationen bringen.

Zwei kleine Fragen bringen es auf den Punkt

Fragen Sie doch einfach in der Bedarfsanalyse einmal nach dem jetzigen Ist-Zustand? Fragen Sie doch einmal, *wie* zufrieden die Kundin augenblicklich mit ihrer Kosmetik oder ihrem Hautbild ist? *Was* hat die Kundin vor? *Was* will Sie in welcher Zeit erreichen?

Jetzt verwerfen Sie bitte diese Methode nicht sofort, sondern denken Sie in Ruhe noch einmal darüber nach. Doch, es macht sogar *sehr viel* Sinn,

herauszufinden, was augenblicklich sozusagen auf der Haut der Kundin los ist. »Frau Kundin, darf ich fragen, wie zufrieden sind Sie mit ...? ... Stellen Sie sich vor, wir könnten Ihr Hautbild um mindestens fünf Jahre verjüngen. Was halten Sie davon?« (Vergessen Sie nicht, ab und an ein kleines Lob der Kunden *rüberzufaxen*! »Frau Kundin, Ihre Haut reagiert wunderbar. Da macht das Arbeiten richtig Freude.«)
Zum einen beschreibt die Kundin vielleicht ihre Vorlieben und Erfahrungen, mit denen sie gut bedient war und ist. Und zum anderen bekommen Sie mit dieser Antwort mit, was eben nicht stimmig war und was zu verbessern ist. ...
Und denken Sie daran: Wenn andere Kosmetikerinnen die Arbeit bisher besser gemacht hätten, wäre diese Kundin augenblicklich nicht bei Ihnen!
Übrigens: Wenn die Kundin nicht von alleine in eine gewisse Form von *Leidensdruck* gerät, helfen Sie sanft nach! »Was möchten Sie nun an dieser Hautsituation oder Behandlungsstrategie wie und warum ändern?« Jetzt sind Sie bitte aufmerksam und machen sich Notizen!

Wenn Sie jetzt alles richtig machen, dann hat die Kundin das Gefühl, noch niemals so verstanden gewesen zu sein wie jetzt!

Achten Sie bitte darauf, dass Sie in dieser informellen Phase der Vorbereitung Ihres Angebotes noch nicht über Ihr Produkt und/oder Ihren Behandlungsvorschlag sprechen. Gedulden Sie sich! Bevor Sie das Angebot präsentieren, müssen Sie sich ganz, ganz sicher sein, dass Sie auch wirklich alle Ideen der Kundin gesammelt haben. Alle! ... Übrigens: Es ist nicht verboten und sogar sehr aufmerksam, wenn Sie sich in einem solch wichtigen Gespräch auch ein paar *Notizen machen*. Das lieben Ihre Kundinnen, schon weil sie mitbekommen dürfen, dass Sie sich professionell um sie bemühen und dass die Kundin wichtig genommen wird!

Stepp 6: Die Angebotsphase

In dieser Phase des Gespräches fassen Sie im Prinzip lediglich die Erkenntnisse – die Ideen der Kundinnen – zusammen, die sich im Gespräch mit der Kundin aus der eben beschriebenen Bedarfsanalyse ergeben haben, und *verknüpfen* diese mit Ihren Produkten oder Dienstleistungen so, dass dabei ein erkennbarer

Nutzen für die Kundin herausspringt. In diesem Kapitel erhalten Sie einige interessante Beispiele.

Wecken Sie Wünsche!

Auf der Suche nach der Idee der Kundin ist neben der offenen Fragetechnik die *Präsentation von Ideen* bzw. Ideenkonzepten sehr sinnvoll und großartig in der Wirkung auf Kundinnen.

Stellen Sie sich einmal folgende Aufgabenstellung vor: Ein Mann steht vor einer 200 Meter langen Mauer, die 2,5 Meter hoch ist. Er soll mittels einer fertig vorbereiteten Angelrute in einem hinter der Mauer liegenden Teich einen Fisch fangen. Das Problem ist nur, dass er nicht auf die Mauer steigen und drüberschauen darf und dass er nicht weiß, wo sich genau dieser Teich hinter der Mauer befindet.

Ein unstrategisch denkender Mann würde vielleicht alle fünf Meter mit Hilfe der Angel den Köder über die Mauer hinweg auswerfen und würde, wenn er den Teich nicht zufällig trifft, spätestens nach drei Versuchen kläglich scheitern. Der Haken hätte sich irgendwo im Hinterland der Mauer verhakt oder wäre abgerissen und der Köder wäre verloren gegangen. Im Ergebnis aber würde dieser Mann, sofern er nicht rein zufällig wahnsinniges Glück hätte, scheitern müssen!

Ein guter Verkäufer löst diese Aufgabe in diesem Bild anders: Er nimmt sich eine Handvoll Steinchen, schreitet die Mauer entlang und wirft alle paar Meter ein Steinchen über die Mauer. Dort, wo es plätschert, dort markiert er die Stelle, holt seine Angel hinzu und angelt! (Bilder oder Gleichnisse gehen immer gut aus! Aus diesem Grunde gehen wir stillschweigend davon aus, dass natürlich der Fisch den Köder sieht und beißt!)

Im Ergebnis aber zeigt sich analog zu einem guten Verkaufsgespräch, wie wichtig es ist, erst einmal die Lage zu peilen, wo denn *geangelt* werden kann. Selbstverständlich glaubt jeder Angler, dass die Fische nur seinen Köder lieben werden. Aber meinen vollen Einsatz zeige ich erst dann – mein

Angebot kommt erst dann auf den Tisch – wenn ich mir sicher bin, dass dort (an der Stelle des Gespräches) der Ertrag besonders hoch bzw. sehr wahrscheinlich ist!

Eine Kundin kommt in unser Geschäft und beschreibt ihre Idee, dass sie mit Ihrem Hautbild nicht wirklich zufrieden ist. Sie hat schon einige Fältchen entdeckt und muss im Beruf wirklich tadellos aussehen. Das erwartet man von ihr. Und sie hat eigentlich keine Zeit für lange Zeremonien. Es muss schnell gehen. Wie es scheint, haben wir mit ihr das richtige Behandlungskonzept gefunden. Ihre Preisvorstellung ist auch kein echtes Problem. Jetzt geht es um den Kundennutzen dieser einen Kundin!

Eine hochmotivierte Kosmetikerin antwortet wie folgt:
Variante 1: »Frau Müller, wie Sie mir gesagt haben, würde Ihnen dieses Behandlungskonzept zusagen, dies wäre eine gute Wahl. Diese Wirkstoff-Creme enthält viele Kollagene und ein wenig Harnsäure. Sie lässt sich leicht auftragen und wirkt in den Tiefenschichten des Kollagen-Faser-Netzes. Sie fettet nicht so stark und lässt ihre Haut nicht so glänzen. Diese Creme kostet Sie nur 68,50 Euro.«

In dieser Variante hat die Kosmetikerin wirklich vollständig das Produkt mit all seinen Vorzügen beschrieben und angeboten. Wir können noch darüber hinwegsehen, dass diese Verkäuferin mit »Würde« und »Wäre« formuliert – in der Präsentation allerdings nicht sehr geschickt, weil es die Präsentation als solche bereits infrage stellt. Frau Müller *würde* also dieses Behandlungskonzept zusagen?! … Sagt es zu oder nicht? Was muss geschehen, damit dieses Konzept zusagen *würde*? Ab wann *wäre* denn das Konzept eine gute Wahl?

Wesentlich wichtiger aber in unserem Zusammenhang der ersten Variante ist der Umstand, dass die Kundin mit ihren Ideen nicht in Bezug zu dem Produkt gebracht wird. Sie kommt nicht vor! Keine Rede von ihrer Haut, den Fältchen, dem Beruf und der knappen Zeit, die morgens sinnvoll genutzt werden soll.

Variante 2: »Also Frau Müller, so, wie Sie Ihre Haut beschrieben haben, benötigen Sie ja eine sehr gute Gesichtspflege für den Alltag und Ihren Job.

Diese Behandlungsserie ist so konzipiert, dass sie mit wenig Aufwand kleinere und mittlere Fältchen wunderbar einfach korrigieren können. Diese Serie (dieses Konzept) ist eigens für die Frau entwickelt worden, die eine tadellose Präsenz benötigt. Und wenn Sie die Kosmetik anwenden, dann bemerken Sie, dass diese Serie wie für Sie gemacht ist. Bereits nach fünf Minuten können Sie sich weiter auf diese Creme schminken.«

Während sich in der ersten Variante die Kosmetikerin offensichtlich an die harten Fakten hat festhalten und sich auf diese unumstößlichen Daten eben hat stützen können, bemerken Sie in der zweiten Variante, dass die Kosmetikerin sozusagen *weiche* Faktoren mit ins Gespräch bringt. Sie wagt sich sozusagen aus der sicheren objektiven, weil nachprüfbaren Welt, in die Welt der Kundin, die alles andere ist als starr, nachweisbar und sicher.

Und Sie erkennen gerade schon beim ersten Beispiel, dass die verkaufende Kosmetikerin, sobald sie auf die Kundin zugeht, unsicher wird. Sie gebraucht Konjunktive (würde, wäre ...). Die Sache mit den Kollagenen, der Harnsäure und dem Kollagen-Faser-Netz macht sie sicher. Was genau sich die Kundin vorstellt, dies hat etwas mit subjektiven Empfindungen und Aufmerksamkeiten zu tun, verunsichert sie eher.

Die Präsentation in der zweiten Variante ist für sich genommen ein *subjektives* Wagnis. Die Kosmetikerin hat herausgehört, dass die Kundin gute Gesichtspflege möchte. Es könnte tatsächlich sein, dass sich die Kosmetikerin irrt! Denn ihre Interpretation ist nicht die harte Faktenlage. Sie vermutet nur emotional! Oder mit anderen Worten, sie wendet die emotionale Argumentation an. Dies bedeutet, dass sie Stimmungen aufnimmt und – mit dem Produkt verpackt – wiedergibt.

Was sie dann aber immer tun muss, ist, die Kundin bei solcher Argumentation gut zu beobachten. Sie muss mitbekommen, wie die Kundin darauf reagiert. Schüttelt die Kundin beispielsweise dabei leicht den Kopf oder schaut kurz weg, dann ist das ein ziemlich sicheres Zeichen dafür, dass sie die Sache nicht richtig interpretiert hat. ... Hier muss sie nachfragen und ihr Gedankenmodell überprüfen.

Trifft sie aber sozusagen den Nerv der Kundin, so wird diese sich bestätigt fühlen und ihrerseits die Richtigkeit ihrer *Präsentation* bestätigen.

Die Sache mit der Nachfrage – die beste Nachfrage, die es gibt!

In der Theorie sind alle Lösungen so leicht, so einfach in der Umsetzung. Und immer reagieren die Kunden in der Theorie goldrichtig, wie beabsichtigt.

Das Verkäuferleben ist aber nicht die Theorie, sondern besteht nur aus praktischen Erfahrungswerten, die von Kunde zu Kunde immer wieder verschieden sein können. Dies sind die *Standardabweichungen*, die unsere Arbeit auch so interessant machen.

In unserem oberen Beispiel der zweiten Variante formuliert die Kosmetikerin emotional: »... Diese Serie (dieses Konzept) ist eigens für die Frau entwickelt worden, die eine tadellose Präsenz benötigt. Und wenn Sie die Kosmetik anwenden, dann bemerken Sie, dass diese Serie wie für Sie gemacht ist ...« Die Kundin schaut sie vielleicht wortlos an. Vielleicht geht sie einen halben Schritt zur Seite oder sie lässt sich im Stuhl am Besprechungstisch aufrecht sitzend nunmehr in die Rücklehne fallen.

Sie spüren, irgendetwas liegt in der Luft. Was tun?

Nachdem Sie im ersten theoretischen Teil den Eisberg als Modell zur Beschreibung von menschlichem Verhalten verstanden haben, wird Ihnen bei der Betrachtung der nunmehr folgenden Fragetechnik sehr schnell klar werden, *warum* diese Frage so *genial* ist!

„Frau Kundin, ich bekomme da gerade mit, dass Sie etwas beschäftigt!" ... (Sprachpause) ... „Was beschäftigt Sie?"

Diese Frage öffnet Ihnen, im Bild gesprochen, Tür und Tor zum unbewussten 90-prozentigen *Entscheidungsanteil* Ihres Gegenübers. „Frau Kundin, ich bekomme da gerade mit …" – diese Formulierung einer an sich streng genommenen *Behauptung*, denn eigentlich *können Sie nicht wirklich wissen,* dass die Kundin etwas beschäftigt, macht nahezu jeden Kunden glücklich! Ich sage Ihnen auch warum: Weil diese Formulierung im Bauch des Kunden (als Sitz des Unbewussten im Modell gesprochen) ein wunderbares Gefühl auslöst.
Stellen Sie sich vor, Sie sind vielleicht zehn Jahre und länger verheiratet oder in einer anderen festen Beziehung. … Und weil das Leben natürlich nicht ideal ist, ist es bei Ihnen nicht anders als bei den allermeisten auch: Man hört sich gegenseitig nicht wirklich zu! Viel zu schnell werden Annahmen getroffen, und der Partner weiß meistens schon vor dem Ende Ihrer noch auszusprechenden Sätze, was Sie sagen wollen. … Damit Sie mich richtig verstehen, hier geht es nicht um Anklage oder Bewertung von sogenannten *normalen* Beziehungen! Hier geht es um die Verdeutlichung eines wichtigen Umstandes, den wir auch für uns *nutzbar* machen können.

Wenn die meisten Menschen selbst in einer *normalen* Beziehung eher defizitär im Sinne der Aufmerksamkeit leben, dann wird es gerade denen sehr guttun, wenn da jemand ist (wenn Sie da sind), der etwas von einem selber (noch) *mitbekommt*!

Das geht unmittelbar in den Bauch – dorthin, wo die Entscheidungen maßgeblich getroffen werden. Es fühlt sich gut an, wenn mir jemand seine Aufmerksamkeit schenkt.

Und nachdem sozusagen Tür und Tor geöffnet sind, kommt die offene Frage hinterher: »Was beschäftigt Sie?« Diese *offene* Frageform lässt die Kundin immer in ganzen Sätzen antworten. Diese offene Frage erhöht wesentlich Ihren Informationsstand einerseits und andererseits kommen Sie mit dem Kunden wieder in einen Dialog.

»Tja …«, werden Sie sagen, »… das funktioniert aber nur, wenn theoretisch alles gut läuft.« … Sie haben Recht! Wenn alles glatt läuft, sprich: der Kunde

tatsächlich auf eine offene Frage in ganzen Sätzen antwortet, dann haben Sie die Möglichkeit, wieder ins Gespräch zu kommen. ... Und was ist zu tun, wenn die Kundin aber nicht auf diese offene Frage antwortet?
Versetzen Sie sich einmal bitte in die Situation in unserem Beispiel: Da sitzt oder steht die Kundin im Gespräch mit einer Kosmetikerin. Sie hat beschrieben, worum es ihr beim Gebrauch von Kosmetika geht. Die Kosmetikerin hat emotional den Kundennutzen beschrieben. Eigentlich ist alles klar! Jetzt aber stockt die Kundin. Vielleicht ist sie unsicher? Vielleicht noch aus irgendeinem Grund unentschlossen? ... Die Kosmetikerin fragt nach: »Frau Kundin, ich bekomme da gerade mit, dass Sie etwas beschäftigt! ... Was beschäftigt Sie?« ... Und nun antwortet die Kundin nicht. Sie schaut leicht fragend die Kosmetikerin an. Vielleicht zieht sie noch die Schultern ein wenig hoch? ... Vielleicht sagt Sie dann auch noch: »Nichts!«

Was ist zu tun? Na, was schon? ... Sie machen den Sack zu! Was sonst?

Ein Paar fühlt sich zueinander hingezogen. Nach einigen Abenden der gemeinsamen Unternehmungen setzt der Mann seine Freundin mit dem Wagen vor ihrer Haustüre ab und sagt: »Du, ich möchte noch mit zu dir hochkommen!« ... Und jetzt denken Sie sich einmal, ähnlich der oben beschriebenen Situation im Verkaufsgespräch, dass seine Freundin still würde und selbst auf die Fragetechnik (»Liebes, ich bekomme da gerade mit, dass dich etwas beschäftigt! ... Was beschäftigt dich?«) lediglich die Antwort bekäme: »Nichts!« ... Wonach fühlte sich das für Sie an? Oder was würden Sie einem Freund raten, der Ihnen eine solch erlebte Geschichte ratlos erzählte? ...

Natürlich würden Sie ihm raten, bei seiner Freundin nunmehr aktiver zu werden und ein »*Ergebnis*« herbeizuführen. Analog zu diesem Beispiel bedeutet dies aber auch für uns im Verkauf, dass wir, sollte diese Fragestellung nicht zu beantworten sein, zum Abschluss kommen sollten. Denn wenn es *nichts* gibt, was beschäftigt, also auch keine Vorbehalte oder Ähnliches, dann spricht *nichts* mehr gegen einen Abschluss bzw. ein glückliches Ergebnis!

Keine Kundin kommt zur Kosmetikerin, um zu sparen!

Keine Kundin will Ihnen erklären müssen, dass Ihr Konzept unzureichend wäre, und keine Kundin will unverrichteter Dinge wieder nach Hause trotten. Ihre Kundinnen lieben Kosmetik, und keine Kollegin ist besser als Sie es sind – sonst wäre die Kundin nicht da. Bieten Sie Ihrer Kundin Gründe, zu bleiben!

Stepp 7: Die Abschlussphase

Und schon wieder könnten wir es uns zu Beginn eines Kapitels leicht machen. Diese Phase sammelt lediglich die Ergebnisse der anderen Phasen auf und formt ein Ergebnis daraus. Oder anders: In dieser letzten Phase bekommen Sie sozusagen die Quittung. Hat alles gepasst, haben Sie alles vom Kunden integrieren können oder sind Sie übers Ziel hinausgeschossen?

Bei näherer Betrachtung fällt allerdings auf, dass es einige Verkäuferpersönlichkeiten gibt, die ihre Arbeit solide machen. Sie sind fachlich und menschlich gut dabei, sie sind aufmerksam und argumentieren emotional – eigentlich bis hierhin alles perfekt – und dennoch trauen sie sich nicht, das Gespräch auf den Punkt zu bringen – abzuschließen.

Kennen Sie diese Situation?

Wenn man durch Kosmetikinstitute als Beobachter geht, dann stehen da beispielsweise Kundinnen und Kosmetikerinnen nach der Behandlung an der Kasse. Die Behandlung wird abgerechnet, der neue Termin schon vereinbart. Und es ergibt sich ein kurzer sprachloser Moment. Niemand sagt etwas. … Wie es scheint, warten beide aufeinander, dass etwas passiert …

Die Kosmetikerin denkt: Ich habe der Kundin doch eben in der Kabine deutlich gemacht, wie gut das Produkt ist, klasse! – Hoffentlich sagt die Kundin gleich: »Möchte ich haben!«

Die Kundin denkt: Ich will nur das Beste für mein Geld! – Was wird mir wohl die Kosmetikerin empfehlen wollen?

Und nun stehen beide da: »War eine tolle Behandlung, wirklich schön!« … Plötzlich schaut die Kundin unvermittelt auf die Uhr: »Oh, jetzt haben wir es aber schon spät. Wir haben noch einen Arzttermin … haben Sie noch einen Prospekt oder eine Probe für mich? … Die Behandlung hat wirklich gut getan!«

Die Kundin ist nach ewigen Minuten Sprachlosigkeit erlöst. Sie hat sich selber erlöst. Das Gespräch ist zu Ende!

Was passiert ist, liegt auf der Hand, oder? Die Kundin wartet vergeblich auf die Initiative der Kosmetikerin. Die Kundin wird zunehmend unsicher: Was habe ich an welcher Stelle übersehen? Hier stimmt doch etwas nicht! Wenn alles in Ordnung wäre, dann hätte sicher die Kosmetikerin mir etwas aus der Serie angeboten. Glaubt sie eigentlich, dass ich mir dieses Produkt nicht leisten kann? …

Die Kosmetikerin muss die Initiative ergreifen, denn …

Eine Kosmetikerin, die die Kundin nicht nach dem Auftrag fragt, beleidigt die Kundin!

Es gibt eine sehr schöne Frageform, die perfekt in diese Abschlussphase passt, die positive Alternativfragetechnik. Ein großartiger Kollege, den ich sehr schätze, nennt die Frage genauer noch die »**so-JA-oder-die-so-JA-Frage**«.

»Frau Kundin, wollen Sie kaufen oder kaufen?« … Wenn Sie genau hinschauen, dann entdecken Sie, dass beide angebotenen Alternativen immer *positiv* sind. Ja oder Ja! Nicht etwa: »Liebling, darf ich dich küssen, ja oder nein?« – sondern vielmehr: »Liebes, wohin darf ich dich küssen?« oder: »Darf ich dich jetzt küssen oder lieber erst gleich?« Die positive Entscheidung wird stillschweigend bereits vorweggenommen.

Henry Ford wird zitiert mit folgender Aussage: »Bei mir kann jeder Kunde sein Auto in jeder Farbe kaufen – Hauptsache es ist schwarz!«

Das ist positive Alternativtechnik in Reinform.

»Frau Kundin, möchten Sie mit dem Starterset oder doch erst einmal lieber mit der Basispflege starten?«

»Frau Kundin, möchten Sie lieber das Set (bestehend aus ...) oder lieber erst einmal mit der Reinigungslösung und der Tagescreme beginnen? Vorteil beim Set ist, Sie bekommen für einen geringen Aufpreis noch das wunderbare Gesichtswasser dazu!«

»Frau Kundin, möchten Sie den Gutschein mit einer wundervollen Handcreme zusammen als Geschenk verpackt bekommen oder lieber mit einem Gesichtswasser kombiniert? ... Das sind Geschenke, die Freude machen!«

Der Unterschied zur üblichen Ja-Nein-Fragetechnik hat sehr viel mit dem Selbstbewusstsein bzw. auch dem Selbstverständnis der Kosmetikerin zu tun.

Eine Kosmetikerin oder Verkäuferin, die viel zu vorsichtig fragt oder ,schlimmer noch, gar nicht fragt, verunsichert immer die Kundin! Die vorsichtig Fragende macht sich klein und bedeutungslos. ... »Liebling, darf ich küssen?«, macht aus dem Fragenden eine infantile Persönlichkeit (Bitte verstehen Sie diese Passage richtig: Drängen Sie niemals Ihrem Gegenüber Ihren Willen auf! Das ist für jede Beziehung ungesund!). Aber für die Gefragte wird die Fragende zu einem kleinen schüchternen Mädchen, das nicht zu wissen scheint, was es wirklich will. Und wenn die Kosmetikerin es schon nicht weiß, was sie wirklich will, dann muss die Kundin es für sie nicht entscheiden müssen. Wenn sie aber selbstbewusst auftritt und fragt: »Küssen, jetzt oder gleich?«, dann wird der Gefragten klar, dass sie sich etwas wünscht und was sie sich wünscht. Sie fragt, weil sie kokett und nett ist, noch einmal nach. Gibt aber selbstbewusst vor: Jetzt wird es Zeit!

Beim Kunden geschieht etwas Unbewusstes. Der Kunde spürt bei diesem Selbstbewusstsein, dass alles richtig sein *muss*. Das Produkt ist richtig, das Unternehmen, der Verkäufer, alles passt.

Apropos Preis: Wie wichtig ist der Preis eigentlich im Verkaufsgespräch einer Kosmetikerin? Die meisten Kosmetikerinnen glauben immer noch, dass der Preis das Wichtigste sei. Glauben Sie das auch?

Ging es der Kundin lediglich um den Preis, so würde sie womöglich im Internet die Produkte in Tauschbörsen ersteigern und/oder mit dem Heft der Stiftung Warentest das beste Preis-Leistungs-Verhältnis ermitteln. … In diesem Konzept ist der Preis nicht entscheidend, denn erinnern Sie sich, das haben wir bereits zu Beginn des Gespräches mit der Kundin im Stepp 3 *geklärt*. Die Kundin weiß, bevor Sie weiter ins Verkaufsgespräch einsteigen, dass Ihre Arbeit und Ihr Schönheitskonzept auch ihren Preis haben werden – haben müssen!

Je intensiver wir den Nerv der Kundin bzw. die Idee der Kundin zu ihrem Produkt treffen, desto unwichtiger wird der Preis!

Prinzipiell gilt, dass kein Preis für sich alleine stehen darf. … »Frau Kundin, diese Behandlungsserie kostet Sie 600 Euro.«

Was kostet 600 Euro? Merken Sie etwas? Diese Behandlung ist und bleibt zu teuer, weil der Preis nackt und ohne *Kleidsames* da steht. 600 Euro.

»Frau Kundin, diese Behandlungsserie für die sichtbare Hautverjüngung innerhalb von sechs Wochen kostet 600 Euro, wir sehen uns einmal die Woche und für zuhause bekommen Sie noch das wundervolle Produkt XY für die Tages- und Nachpflege mit. Es zieht sehr schnell ein und lässt sich nach wenigen Minuten gut überschminken, wenn es schnell gehen muss!«

Na? Dieses so präsentierte Konzept ist eindeutig mehr wert, höherwertiger als in der ersten Preispräsentation. Diese Preisnennung funktioniert nicht mit Standardargumenten, sondern immer nur mit den für die Kundin wichtigsten Vorteilen aus der Bedarfsanalyse zu diesem Produkt – zu der Idee der Kundin.

Stepp 8: Einwandbehandlung – die inhaltliche Selbstkontrolle

Auf den allerersten Blick wirkt der Einwand der Kundin wie ein Widerspruch zu der gemachten Offerte. Und es gibt tatsächlich Kosmetikerinnen, die sich irritiert zeigen, wenn es die Kundin wirklich *wagen* sollte, zu *widersprechen*. Sie empfinden es nicht nur als Infragestellung des vorgestellten Konzeptes – sondern vielmehr der eigenen Person.

Aber was machen wir uns selber vor? Es gibt tatsächlich keinen Verkaufsabschluss ohne die Lösung von vorherigen Einwänden. Im Umkehrschluss können wir sagen, dass ein Verkaufsgespräch ohne Einwände wahrscheinlich keines ist!

Keine Einwände mehr bedeutet entweder den direkten Verkaufsabschluss oder kein Interesse mehr!

»Ich verstehe Sie!«

Das Erste und Wichtigste in der Phase der Einwandbehandlung ist *immer*, dass wir *aktiv* die Kundin verstehen können – und das können wir wirklich immer! *Aktiv* verstehen bedeutet hier, dass wir der Kundin unser Verständnis aussprechen. Nicken alleine reicht nicht! „Ich verstehe Sie!"

»Frau Kundin, ich verstehe Ihre Gedanken …« Oder: **»Frau Kundin, Sie haben Recht, ich verstehe Sie. Das ist keine Entscheidung, die man spontan einfach so treffen sollte …«**

Wichtig ist in jedem Falle, dass die Kundin hören und spüren darf, dass wir an ihren Gedanken Anteil nehmen. »Frau Kundin, *ich verstehe* Sie!« … Wenn Sie genau hinschauen, dann wird Ihnen auffallen, dass Sie eigentlich wirklich alles verstehen können, oder? Ich als Verkäuferin kann doch *verstehen*, dass die Kundin *noch* unsicher ist. Ich kann doch *verstehen*, dass der Kundin die spontane Entscheidung als viel zu schnell vorkommen kann. ... Hilft es dann, sie, die Kundin, noch mehr zu verunsichern oder noch viel intensiver auf die Schnelligkeit einer Entscheidung zu pochen – Druck zu machen?

Kein Kunde möchte ein Depp sein. Kein Kunde möchte das Gefühl haben, es mit seinen Gedanken unnötig zu verkomplizieren. Unsere Kundinnen bzw. Kunden möchten Respekt erfahren. Auch dann, wenn es uns erst einmal offensichtlich nicht passt. Und glauben Sie, Ihre Kundin beobachtet Sie genau, *wie* Sie auf ihren Einwand hin reagieren! Sie registriert Ihre Geduld und empfindet sie als angenehm. Eine mögliche Ungeduld macht die Situation für sie unerträglich.

»Ich verstehe Sie!« – bedeutet in unserem Fall *kein* Eingeständnis oder Zugeständnis in einer Sache bzw. ein Nachgeben von für Sie wichtigen Positionen. Vielmehr geht es um Ihr Gegenüber. Ihre Kundin reklamiert, dass diese Entscheidung ihr heute nicht möglich ist. Es ginge ihr zu schnell. Dann sagen Sie ja nicht: »Stimmt, das geht hier alles viel zu schnell!« – sondern: »Frau Kundin, ich verstehe Sie. Die Entscheidung muss wohl überlegt sein. Schließlich möchten Sie sich sicher sein, das Richtige zu tun, und es in vollen Zügen genießen können ...«

»Frau Kosmetikerin, ich bin eigentlich nie so spontan. Ich muss unbedingt Ihr Angebot überdenken!« Auch diesen Einwand können Sie verstehen, auch wenn er Ihnen nicht passt: »Frau Kundin, das verstehe ich sehr gut! Wenn ich Sie wäre, würde ich das genauso handhaben. ... Was wäre, wenn ich Ihnen heute einmalig eine kostenlose Microdermabrasion anbiete. Dann können Sie in Ruhe schauen, wie Ihre Haut darauf reagieren wird. ... Was halten Sie davon?«

»Frau Kundin, möchten Sie mit dem Starterset oder doch erst einmal lieber mit der Basispflege starten?« ... »Nein, ich habe zu Hause noch genug Produkte!« ... „Selbstverständlich Frau Kundin, das kann ich gut *verstehen*. So einfach ersetzt man nicht das eine mit dem besseren Produkt. ... Wo haben Sie noch Bedenken? Ich kann jetzt all Ihre Fragen beantworten.«

Die inhaltliche Selbstkontrolle

Der Inhalt Ihres Verkaufsgespräches ist selbstverständlich *das Produkt* des Kunden bzw. *seine dazugehörige Idee* zu diesem Produkt. Mit der inhaltlichen Selbstkontrolle ist gemeint, dass wir, sofern der erste Einwand (immer unerwartet!) kommt, wir zu überprüfen haben, ob wir das richtige *Produkt* (Idee) zum *richtigen Preis* (Budget) mit den *richtigen Eigenschaften* zum gewünschten *Termin* meinen? … Wenn es ideal läuft, dann wird daraus eine Ja-Straße. Und wenn es nicht ideal läuft, dann wissen wir, wo wir nachzubessern haben. Ist doch klasse, oder?

»Frau Kundin, Sie benötigen eine sehr gute Gesichtspflege, um im Job hervorragend auszusehen? … Sie sind bereit, hierfür auch gutes Geld auszugeben? … Es soll die Hautfältchen korrigieren, muss schnell anzuwenden sein, damit Sie morgens nicht zu viel Zeit verlieren? … Diese Creme in Kombination mit sechs Behandlungen wirkt innerhalb der nächsten sechs Wochen sichtbar. Ist das so für Sie okay?«

Diese »Vorstufe« zur weiteren Einwandbehandlung ist enorm wichtig, auch schon deshalb, weil sie klären hilft, ob es sich um einen Vorwand oder Einwand handeln wird. Sollte beispielsweise einer der inhaltlichen Aspekte nicht mit „Ja" beantwortet werden können, so ist für jeden einleuchtend, dass eine *weitere* Einwandbehandlung keinen Sinn ergibt. Erst haben wir für das richtige Produkt zum richtigen Preis mit den richtigen Eigenschaften zum gewünschten Termin zu sorgen!

Erst wenn wir bei der inhaltlichen Kontrolle alle Aspekte mit einem „Ja" uns haben beantworten lassen, können wir weiter auf die Suche nach den eigentlichen Hintergründen möglicher Einwände gehen.

Und wenn Sie bei dieser inhaltlichen Kontrolle mehr als ein »Nein« erhalten sollten, so handelt es sich mit großer Wahrscheinlichkeit nicht um einen Einwand, sondern um einen Vorwand. … Und das Besondere bei Vorwänden ist es, dass Sie sie nicht direkt auflösen können. Da hilft keine Diskussion oder Argumentation.

Stepp 9: Einwandbehandlung – der Suggestiv-Joker

Wer behaupten wollte, es gäbe *eine* Einwandbehandlungsstrategie, die immer im ersten Schritt bzw. spontan helfe, der war nie in der Verkaufspraxis. Nicht etwa, dass die inhaltliche Selbstkontrolle und das *Verstehen* nicht helfen würden, aber in aller Regel benötigen wir noch mehr *Rüstzeug*.

Bevor wir diese weitere Stufe der Einwandbehandlung *zünden*, sollten wir genauestens *wissen*, dass wir uns gegenseitig sympathisch sind! Wenn uns nicht klar ist, wie unsere sympathische Beziehung zur Kundin ist, sollten wir diesen Joker nicht »ausspielen«. Bei Unsicherheiten sollten wir lieber erst noch die sympathische Selbstkontrolle (nächstes Kapitel) durchführen.

»Frau Kundin, möchten Sie mit dem Starterset oder doch erst einmal lieber mit der Basispflege starten?« … »Nein, ich habe zu Hause noch genug Produkte!« … „Selbstverständlich Frau Kundin, das kann ich gut *verstehen*. So einfach ersetzt man nicht das eine mit dem besseren Produkt. … Wo haben Sie noch Bedenken? Ich kann jetzt all Ihre Fragen beantworten.« … »Eigentlich kaufe ich nie so spontan ein. Ich muss erst meine anderen Produkte aufbrauchen!« …

… »Verstehe ich sehr gut. Die meisten Damen hier entscheiden sich auch nie so schnell. Das muss schon gut durchdacht sein. … **Frau Kundin, Sie benötigen ja eine sehr gute Gesichtspflege, um im Job hervorragend auszusehen! Und Sie sind bereit, hierfür auch gutes Geld auszugeben! Und es soll die Hautfältchen korrigieren, muss schnell anzuwenden sein, damit Sie morgens nicht zu viel Zeit verlieren! Diese Creme wird in Kombination mit sechs Behandlungen innerhalb der nächsten sechs Wochen sichtbare Wirkung zeigen. … Was kann ich denn jetzt für Sie tun, dass wir heute bereits starten und die Termine für die nächsten Behandlungen …?«**

Sie erkennen sofort, dass schon wieder ein *Verstehen* vorangeschickt wird. Das ist wirklich professionell! Im Gegensatz zur *inhaltlichen Selbstkontrolle* wird nunmehr die Kundin nicht mehr gefragt, *ob* das Produkt und der Wunschtermin passen, *ob* der Preis oder die Eigenschaften passen – bei der

Suggestiv-Joker-Technik wird prinzipiell das Einverständnis vorweggenommen und vorausgesetzt! (Da wir eben noch inhaltlich alles kontrolliert haben, gehen wir hier auch keinerlei Risiko ein!)

Die Suggestion wirkt nur in Verbindung mit der bestehenden Sympathie! Der gleiche Dialog bei sich unsympathischen Menschen wirkt eher grausam und schafft Distanzen.

Ein *Verstehen* vorweg, und jetzt kommen die vorher inhaltlich überprüften Fakten: Termin? – okay; Preisvorstellung (Budget)? – okay; Eigenschaften? – okay. Und nun in dieser positiven Stimmung, die Sympathie ist vorhanden, das Produkt ist auch okay, jetzt die offene Frage: „Was kann ich jetzt (persönlich) für Sie tun?"

Aber Achtung:

Dieser Joker ist nur etwas für erfahrene Verkäuferinnen und Verkäufer! Diese Technik in den Händen von Anfängern wirkt nicht günstig. Der Suggestiv-Joker ist ein Muss für Führungskräfte!

Wenn die Sympathiephase nicht vollständig passt, dann funktioniert dieser Suggestiv-Joker nicht! Mit Suggestion zu arbeiten erfordert Ihre ganze Aufmerksamkeit. Sie sollten Nuancen der Reaktionen Ihrer Kundinnen wahrnehmen und richtig dechiffrieren können. Sonst macht es keinen Sinn.

Mit anderen Worten: Denken Sie sich Ihr Gegenüber als *Freundin oder Freund*. Konnten Sie die ganze Zeit miteinander freundschaftlich kommunizieren? Wenn ja, dann passt es wunderbar.

Und nochmals: Bei hochwertigen Produkten oder bei langandauernden Verhandlungen passt diese Methode (gekonnt eingesetzt) allerbestens. Bei billigen Produkten oder kurzen Gesprächen natürlich nicht!

Mit dieser liebevollen (weil die Sympathie stimmig ist!) Methode bringen Sie Ihre Kundin auf den Punkt. »Frau Kundin, schau einmal: Alles ist in Ordnung. Deine Vorstellung stimmt, der Preis ist auch okay. Der Zeitpunkt der Wirkung ist besprochen und die Produkteigenschaften stimmen. Alles ist gut. ... Wenn aber alles gut ist, dann sollten wir uns jetzt einen Ruck geben und zur Tat schreiten.«

Stepp 10: Einwandbehandlung – die Sympathie-Selbstkontrolle

Der erste wichtige Schritt in Sachen Einwandbehandlung ist die Kontrolle der inhaltlichen Voraussetzungen unseres Verkaufsgespräches. Dies haben wir in Stepp 8 besprochen bzw. Sie im Gespräch überprüft. Ist also das richtige *Produkt* (Idee) zum *richtigen Preis* (Budget) mit den *richtigen Eigenschaften* zum gewünschten *Wirkungstermin* besprochen?

Der nächste Schritt in Sachen erfolgreicher Einwandbehandlung ist die Sache mit dem: »Ich verstehe Sie!« – Auch das ist bereits besprochen. Vielleicht muss noch betont werden, dass wir auf keinen Fall unserer Kundin gegenüber das Wort »Einwand« auszusprechen haben: »Frau Kundin, ich verstehe Ihren Einwand!« – oder: »Ihren Einwand kann ich nachvollziehen!« ... Mit einer solchen *einwandsbetonten* Formulierung rufen wir den *Einwand* erst recht auf den Plan. Dies provoziert bei der Kundin nicht nur die Verstärkung ihres Einwands, sondern macht sie auf eine Situation aufmerksam, die entweder an eine *Auseinandersetzung* erinnert oder sie zu weiteren Diskussionen einlädt. Ohne jetzt Wortspielereien zu betreiben, aber schauen Sie doch einmal selber hin, was in dem Wort Auseinandersetzung steckt: Da setzen sich zwei Menschen auseinander – weg von einander! Das wollen wir nicht!

Statt eines *Einwandes* gibt es immer *gute Ideen* der Kundin. Vielleicht nennen Sie diese Einwände auch *wichtige Hinweise*. Damit loben Sie auch noch die Kundin und sie fühlt sich wohl. Das Ungeschickteste wäre, der Kundin zu signalisieren, dass ihr *Gedanke, ihre Idee* (Einwand) weder nachvollziehbar, sondern schlimmer noch, stattdessen sogar irritierend und unpassend sei. ... Besser also immer: »Frau Kundin, gut, dass Sie darauf aufmerksam machen. Ihren Gedankengang finde ich sehr aufmerksam. Ich verstehe Sie sehr gut. ... Was sollten wir ...?«

Und nun sollte eigentlich der Suggestiv-Joker zum Einsatz kommen, aber Sie sind sich der *sympathischen Sache* mit der Kundin nicht wirklich sicher. … Und genau für diesen Fall ist der nun folgende Schritt, die sympathische Selbstkontrolle, gedacht.

»Frau Kundin, möchten Sie mit dem Starterset oder doch erst einmal lieber mit der Basispflege starten?« … »Nein, ich habe zu Hause noch genug Produkte!« … „Selbstverständlich Frau Kundin, das kann ich gut *verstehen*. So einfach ersetzt man nicht das eine mit dem besseren Produkt. … Wo haben Sie noch Bedenken? Ich kann jetzt all Ihre Fragen beantworten.« »Eigentlich kaufe ich nie so spontan ein. Ich muss erst meine anderen Produkte aufbrauchen!«

»Frau Kundin, übrigens … fahren Sie Langlauf oder Alpinski? Ich habe mir schon so oft vorgenommen, auch noch einmal auf die Ski-Piste zu gehen. Was würden Sie mir empfehlen? Ich bin ja nicht mehr die Jüngste!« (Meistens lachen Sie dann zu zweit!)

»Ach, übrigens …« Kennen Sie noch den Inspektor Colombo? Dieser leicht wirr scheinende Mann, der es nahezu immer geschafft hat, selbst bei denen, die er jagte, sympathisch zu bleiben. … Vielleicht sogar ein liebevolles Schlitzohr?

Ganz zum Ende eines Gespräches setzt er noch einmal nach: »Ach übrigens, was ich noch fragen wollte …« Und genauso, beinahe aus dem Zusammenhang gerissen, formulieren wir eine Frage mit den Inhalten aus dem zweiten Stepp, der *emotionalen Freundschaftswerbung*. Hier haben wir uns merken können oder besser noch notiert, was die Kundin ihrerseits beiläufig über den geplanten Ski-Urlaub erwähnt hatte. Dies sind ja bekanntermaßen genau die Themen, die die Kundin thematisieren wollte! … Diese Nachfrage nunmehr soll die Kundin an die *emotionalen* Gemeinsamkeiten und Ihre Aufmerksamkeit nochmals erinnern.

Uns im Verkauf gibt dieser Rückausflug in die *emotionale Freundschaftswerbung* ein gutes Feedback, ob wir mit der Kundin sozusagen noch auf einer Welle funken. … Wenn wir ein überdeutliches Ja erhalten, wenn wir bemerken:

Alles ist gut! – dann können wir von hieraus direkt in die Verwendung des Suggestiv-Jokers wechseln.

Für den Fall, dass wir uns dennoch nicht ganz so sicher sein können, wie wir mit unserer Kundin sympathisch verbunden sind, können wir mit folgender Variante nach dem Small Talk abschließen:

(Nachdem die Kundin sich wie auch immer zu Ihrer Absicht, auch noch einmal Ski zu fahren, geäußert hat) ... »Jetzt haben Sie mir so tolle Anregungen mitgegeben. Danke nochmals. Das muss ich erst einmal meinem Mann erzählen. ... Ich möchte aber nicht noch mehr Ihre Zeit in Anspruch nehmen. ... Meinen Sie nicht auch, dass wir direkt heute mit der Behandlung beginnen sollten? ... Ich habe so viele Kundinnen, die ihre alte Creme wunderbar für die Beine und für die zarte Haut an den Füße benutzen ...«

Nachdem Sie mit der Kundin erneut in der emotionalen Phase waren, ziehen Sie sich offensichtlich bescheiden zurück. ...

Ganz wichtig aber auch an dieser Stelle: Es funktioniert nur dann, wenn es eine Sympathie gibt. Sollte es wider Erwarten keine Sympathie geben, kommen Sie so nicht wirklich weiter. Vielleicht wäre es hilfreich, zu klären, was zwischen Ihnen steht, welche Vorbehalte es gibt?!

In diesem letzten Beispiel sehen Sie, dass wir selbst in die Einwandbehandlung noch Hinweise aus der emotionalen Freundschaftswerbung einbauen können. Das ist perfekte Verkaufskunst auf allerhöchstem Niveau! ... Um aber eines am Ende der Einwandbehandlung zu betonen: Denken und handeln Sie bitte nicht zu kompliziert!

Wenn die Sympathie *einigermaßen* steht, dann können Sie so viel nicht falsch machen. Das Schlimmste wäre nur, gar nichts zu tun!

Oberste Priorität bleibt immer: **Wir sind sympathisch!**

Stepp 11: Verabschiedung ohne Reue

Eine Verabschiedung einer Kundin, die Sie haben erfolgreich bedienen können, ist keine Kunst und muss sicher nicht besprochen oder geübt werden. Warum nicht? … Na, weil wir uns freuen, wenn unsere Kundin uns mit ihrem Auftrag sozusagen belohnt hat.

Das Problem einer gekonnten Verabschiedung wird dann erst erkennbar, wenn es trotz aller Bemühungen eben nicht zum Auftrag kam. Die Kundin verweigert uns die Anerkennung, und wir können es noch nicht einmal wirklich verstehen. … Und dann noch freundlich und souverän bleiben?

»Ja!« – möchte ich Ihnen zurufen – »jetzt erst recht!«

Denken Sie sich die folgende Situation. Ein Kunde hat noch Bedenken. Er traut sich noch nicht wirklich. Er muss in Ruhe tatsächlich noch einmal nachdenken. Es gibt Menschen, die einfach nichts Spontanes entscheiden können! … Bei der Verabschiedung bekommt dieser Kunde mit, dass wir uns ärgern und enttäuscht sind. (Jetzt gibt es Verkäuferschulen, die empfehlen, noch mehr moralischen Druck dem Kunden zu bereiten. Kann das wirklich bei einem Kunden, der aus welcher Ängstlichkeit heraus auch immer, zurückhaltend ist, hilfreich sein? Ich glaube nicht!)

Was muss der Kunde denken, wenn er mitbekommt, dass Sie verärgert oder enttäuscht sind? Macht diese Art von Präsentation einen überzeugten, selbstbewussten und zuversichtlichen Eindruck?

Wenn doch das Angebot der Kosmetikerin, so denken unsere Kundinnen, wirklich klasse ist, dann müsste die Kosmetikerin doch wissen, dass ich zu ihr zurückkehren muss, oder? Mit anderen Worten: Sie erkennen schnell, dass eine emotionale Betroffenheit der Kosmetikerin eher den Verdacht einer Unprofessionalität hinterlässt.

Ein Beispiel aus dem Alltäglichen. Stellen Sie sich einmal ein Paar vor. Die Frau will den Mann, oder der Mann will die Frau verlassen. Kann passieren. Meistens jedoch ist diese Entscheidung keine schwarz-weiße Entscheidung.

Dies bedeutet, dass zwar der Wunsch nach Veränderung von Situationen im Raume steht, aber der gehende Partner oft genug nicht genau weiß, ob das Gehen selber die Lösung ist oder bringt.

Und nun sagt der eine Partner dem anderen: »Du, ich gehe!« Für beide sehr wahrscheinlich eine ganz schwierige Situation. Der, der geht, ist moralisch angreifbar und muss sich fragen lassen, warum gerade jetzt? Der, der bleibt, bekommt womöglich vor eigenem Kummer nicht mehr mit, wie viel Unsicherheiten auch der Gehende empfindet.

Eine oftmals *natürliche* Reaktion ist es nun, dass der Bleibende plötzlich seine emotionale Betroffenheit und seine Verwundung als moralische Keule gebraucht. Verständlich, aber nicht zielführend! Sollte das Ziel etwa sein, den anderen für sich zurückzugewinnen, macht es keinen Sinn, sich klein und schwach zu präsentieren. Erlebt der Gehende den anderen in einer jämmerlichen Rolle, so wird dieser sich umso schneller distanzieren müssen. Es wird ihn in seiner Position bestärken, zu gehen.

Vielleicht halten Sie dieses Beispiel für überzogen, aber stellen Sie sich einmal vor, der Bleibende würde ganz anders reagieren: »Du Gehender, dass mich deine Entscheidung nicht glücklich macht, kannst du dir vorstellen! … Gehst du etwa zu einem anderen Mann (oder zu einer anderen Frau), dann kann ich dich und die (den) andere(n) nur beglückwünschen. Er (Sie) hat Geschmack. Und ich weiß, worüber ich rede! … Schaue es dir in Ruhe an, und bevor du eine endgültige Entscheidung triffst, lasse uns noch einmal miteinander reden!«

Sie erkennen sofort, dass der Bleibende Größe und Würde bewahrt und zeigt. Das wird den Gehenden, der noch Unsicherheiten verspürt, nachdenklich stimmen. Dem Gehenden, der sich sicher ist, wird es nicht zwingend umstimmen, aber mindestens behält der Bleibende erkennbar seine Würde.

Analog zu diesem Beispiel ist es für einen sehr guten Verkäufer immer ein Muss, sich in Würde zu verabschieden: »Frau Kundin, schade, ich hatte gehofft, wir hätten uns schon heute einigen können. … Dass Sie jetzt noch ihre alten Produkte aufbrauchen möchten, kann ich sogar gut verstehen. Das würde ich an Ihrer Stelle wahrscheinlich auch so tun! ... Sie bekommen mit, dass wir hier erfolgsorientiert arbeiten. Am Ende ist jede Strategie nur so gut, wie es Ihnen verhilft, wieder strahlend auszusehen und sich wohlzufühlen. ... Übrigens: Da ist mir mal passiert, dass muss ich Ihnen schnell noch erzählen. Und zwar hatte ich letzte Woche ... entschuldigen Sie, ich komme ein wenig durcheinander, es ist einfach auch viel los augenblicklich ... ich meine vorletzte Woche, es war der Donnerstag, jetzt erinnere ich mich wieder genau ... eine Kundin, eine sehr gestandene Persönlichkeit, sehr kritisch und sie weiß, was sie will ... so wie Sie! ... Nun ja, ähnliche Situation, wie bei Ihnen; die Kundin kam und brachte mir in zwei Hängetaschen ihre alten Kosmetika mit, stellte sie mir hier vor den Tresen und meinte, dass sie nicht mehr jung genug sei, um falsche Entscheidungen zu treffen (freudig strahlend)! ... Frau Kundin, da war ich völlig überrascht. Wahnsinn. Wir haben noch die brauchbaren Sachen aussortiert und dann zum Verschenken für ihren Freundeskreis verpackt. ... Wir haben noch einen kleinen Piccolo getrunken und hatten jede Menge Spaß!«

Glauben Sie mir, das macht jede Kundin nachdenklich. Kaum etwas ist anziehender, als jemand, der Selbstbewusstsein hat und lebt. Kunden kaufen nur von Siegertypen. ... Niemals und nie trägt ein Siegertyp den Kopf unterm Arm!

Zu unserem sich trennenden Paar noch einmal zurück. Wenn Sie ganz gut drauf sind, dann zeigen Sie voller Selbstbewusstsein, dass Sie an sich immerzu und unverrückbar glauben: »Weißt du was? Probiere es einfach aus! ... Nimm dir Zeit und unternehme mit der (dem) Neuen, was nur geht. Fahrt in Urlaub und genießt die Phase der frischen Verliebtheit. ... Übrigens, jetzt, wo du gerade auf der Suche nach neuen Erfahrungen bist, ich habe letzte Woche doch tatsächlich zwei voneinander unabhängige unmoralische Angebote erhalten. ... Wenn du probierst, dann kann ich es auch einmal probieren! Was meinst du?« Glauben Sie mir, die Kunst ist es immer, attraktiv zu bleiben!

Marketing für Kosmetikerinnen – ein Buch mit sieben Siegeln?

Der Begriff *Marketing* beschreibt bzw. umfasst alle Maßnahmen im Unternehmen, erfolgreich Waren und Dienstleistungen direkt an die Kunden verkaufen zu können. Langfristig geht es immer um die Schaffung von Kundenbindungen und Kundennutzen, umso den zukünftigen Erfolg zu sichern.

Das Marketing ist sozusagen die Strategie über bzw. hinter dem Verkauf bzw. der Verkaufsabsicht! Eben noch haben wir uns den Verkauf als Prozess angeschaut. Im Marketing ist der Verkauf aber nur ein Baustein von vielen. Vom Ergebnis her betrachten ist der Verkauf sicher mit der wichtigste Baustein, aber damit das Geschäft floriert, muss das Gesamtpaket aus richtigen Produkten, einer perfekten Platzierung, einem passenden Preisgefüge, einer sehr guten Außendarstellung und schlussendlich einer passenden Persönlichkeit – Ihnen – stimmig sein.

In der einschlägigen Literatur wird auf die berühmten 4 P's des Marketing-Mixes, von Jerome McCarthy, verwiesen: Product (P1), Place (P2), Price (P3) und Promotion. Wir fügen noch ein fünftes hinzu: Die Persönlichkeit (P5). Der Marketing-Mix ist eine Art Toolbox, mit dessen Hilfe Ihre Ziele im Unternehmen erreicht werden können.

Der Marketing-Mix

Product (P1)	**Place (P2)**	**Price (P3)**	**Promotion (P4)**	**Person (P5)**
Klarheit des Konzepts	Lage	Klarheit des Konzepts	Logo	Das personengebundene Geschäft
	Innenausstattung, Einrichtung		Kommunikation	
			Werbung	
			Neukundengewinnung	

Die Zielkundin Kosmetik

Denken Sie sich einmal die Situation, dass es nur ganz wenige Kosmetikerinnen in Deutschland gäbe. Auch die kosmetischen Produkte wären nur per Hand angerührt, und es gäbe keine bevorrateten Produkte, die auf den Kunden warten würden. In dieser Situation kämen sehr viele Kunden und wollten behandelt werden und Produkte für die Kosmetik zuhause erwerben. ... Müssten wir uns in einer solchen Situation Gedanken über die Probleme, Wünsche und Bedürfnisse unserer Kunden machen? Wahrscheinlich nicht! Der Verkauf liefe auf Hochtouren nahezu von selber, und der Geschäftserfolg wäre nur noch von der Beschaffung der Verkaufsware und Ihrer eingebrachten Arbeitszeit direkt abhängig.

Sie erkennen sicher sehr schnell, dass wir augenblicklich genau in einer umgekehrten Marktsituation unser Geschäft betreiben. Es gibt sehr, sehr viele Kosmetikerinnen, der Markt ist mit einer beinahe unübersehbaren Menge an vorrätigen Produkten beinahe *überschwemmt* und die allermeisten Kosmetikerinnen klagen eher über zu wenig Kunden als über zu viele! Und genau dieser Umstand macht es sehr sinnvoll, dass wir uns mit der Frage nach dem geeigneten Marketing beschäftigen.

Marketing ist die Kunst, sich in seine Kundinnen hineinzuversetzen!

Schauen Sie einmal durch die *Brille* Ihrer Kundinnen. Was sehen Sie?

Nehmen wir noch einmal unser Firmenschild wie weiter oben besprochen. Was sehen Sie? Hier können Sie sehr deutlich die Priorisierung dieses Studios erkennen. Das Wichtigste ist wohl die medizinische Fußpflege! Danach kommt Nageldesign (in englischer Sprache!) und zu guter Letzt erst die Kosmetik. Dass diese Kollegin am liebsten Füße behandelt, können Sie auch an dem stilisierten Fuß erkennen. Was also würden Sie sehen und was würden Sie daraus schließen? ... Hier haben wir es mit einer medizinischen Fußpflege zu tun, die auch noch ganz nebenbei (zum Schluss) Kosmetik macht. Neben eingewachsenen Fußnägeln, Nagelpilzen und diabetischen Gangränen soll Ihre Haut bzw. Ihr Gesicht behandelt werden. Diese Kollegin wird höchst wahrscheinlich keine Kundinnen für die Kosmetik gewinnen *können*!

Marketing ist gleichsam die Kunst, zu denken, wie eine Kundin denkt!

Ein anderes Beispiel noch: Sie kommen in ein kosmetisches Studio und Sie sehen im Studio drei verschiedene Verkaufsständer unterschiedlichster Anbieter für Kosmetika. Ein Aufsteller bietet massenhaft dekorative Kosmetik in schwarz-weißer Optik an. Ein anderer Aufsteller ist in Erdfarben gehalten und an Lederbändchen baumeln wie Schlüsselanhänger diverse Farbkarten, um Naturkosmetik für die naturbewusste Kundin anzubieten. Neben einem großen Plakat eines dritten Anbieters, der mit einem Topmodell für straffe Körperkonturen in Pastell und Seide wirbt, steht in zarten Elfenbeinfarben ein weiterer Verkaufsstand. ... Was denken Sie hier? Sieht diese Präsentation nach einem klaren eindeutigen Konzept aus? Würden Sie hier eine Spezialisierung Ihrer Kosmetikerin vermuten?

Marketing ist die Kunst, Menschen zum Umdenken zu bewegen – oder sie dazu zu bringen, treue Kundinnen zu bleiben!

Wichtig ist noch zu erwähnen, dass Marketing nicht als Notfallinstrument, mal so eben aus der Hüfte geschossen, verstanden werden soll. Marketing ist eher ein Prozess, der sich über mittel- und längerfristige Zeiträume erst richtig entfalten kann. So reicht es beispielsweise nicht aus, wenn eine Unternehmerin aus Not, zu wenig Kundinnen im Haus zu haben, mal eben eine Annonce schaltet. Marketing ist mehr!

Ein gutes Marketing vermittelt eine Faszination, die verführt! Und die Verführung ist hundertmal besser als die Überzeugung. Das Eisbergmodell ist hier wieder brandaktuell. Wesentlich für ein gutes Marketing ist der unbedingte Kontakt zum Kunden, dass es entmystifiziert wird und bei kleinsten Budgets sehr gut funktioniert!

Product (P1) – oder von der Klarheit des Konzeptes

Haben Sie schon einmal mit den Augen einer Kundin Ihre Produktpräsentationen angeschaut? Was haben Sie gesehen, was haben Sie gedacht? Oder anders noch, was würden Sie denken, wenn Sie Produkte von verschiedenen Anbietern sehen würden, die Sie aber nicht wirklich einer Ihnen bekannten Behandlungsmethode zuordnen können?
Was würden Sie für Gefühle entwickeln, wenn die Produkte winzig klein auf den Umverpackungen zwar beschrieben, aber nicht wirklich lesbar wären oder in einem unbekannten Fachjargon irgendetwas Unverständliches darauf stehen würde? Und jetzt denken Sie sich nicht nur ein Produkt, sondern ganz viele. Na, wie würde es Ihnen ergehen?
Ich behaupte, dass die meisten Kundinnen nicht mehr neugierig, sondern mit Rückzug reagieren werden.

Produkte, die sich nicht von selber erklären, sind uninteressant!

Hiermit möchte ich bei Ihnen anregen, dass Sie Ihre Präsentationen so gestalten, dass die Kundinnen ohne *Ratespiel* sehr schnell erkennen, was sie da sehen: So könnten Sie die eine Behandlungsserie beispielsweise »Für die junge Haut«, eine andere Serie »Für die Faltenglättung« oder »Für die anspruchsvolle Haut« bzw. »Für die reife Haut« … beschriften. Drucken Sie mit Ihrem Drucker kleine Karten, die Sie neben die Produkte oder vor sie platzieren. Vielleicht können Sie auch Ihre Lieferanten unterstützen und halten entsprechende Kennzeichnungsschilder vor? Das macht es der Kundin sehr viel leichter, neugierig sein zu *können* und sich an dem einen oder anderen Produkt aktiv interessiert zu zeigen!

Heute gibt es Verpackungen von sehr preiswerten Produkten, die einen sehr edlen Eindruck vermitteln. Damit meine ich, dass die Kundin nicht automatisch nur vom Äußeren auf den Inhalt schließen kann.

Eine Kundin will niemals Billig, niemals!

So ein Aufsteller »Ihre Premium-Line« macht beispielsweise sehr aufmerksam! Die Klarheit des Konzeptes meint aber darüber hinaus auch die Beschreibung Ihres Behandlungsansatzes selber. Wie arbeiten Sie? Welche Prinzipien bestimmen Ihr Handeln?

Marketing meint hier, dass Sie nicht nur Ihre Konzepte haben – sondern vielmehr auch kommunizieren!

Gibt es mögliche Behandlungsreihenfolgen, die Sie einzuhalten pflegen? Gibt es Produkte und Behandlungen, die Sie erst zum Einsatz bringen, wenn bestimmte Voraussetzungen erfüllt sind? Würden Sie beispielsweise erst mit einer Serum-Kur beginnen wollen, wenn Sie die Haut einige Sitzungen zuvor in den Tiefenschichten gründlich gereinigt und mittels Microdermabrasion die obere Hautschicht von Hautschüppchen gereinigt hätten?

Es geht in diesem Marketing-Aspekt um die Tatsache, dass ein Produkt eigentlich nur ein Produkt ist. Wir verkaufen es, nachdem wir es angeboten haben oder nicht. Mehr nicht. Hingegen ist ein Konzept im Unterschied hierzu eine Strategie, die Notwendigkeiten impliziert. Wer sich auf die Arbeit mit Ihnen und mit Ihrem Konzept einlässt, stimmt sozusagen auch der Notwendigkeit zu, die Produkte anzuwenden und Ihre Behandlungsvorschläge einzuhalten.

Kein Konzept zu zeigen, zu besprechen oder zu präsentieren, bedeutet, in den Verdacht einer Bauchladenstrategie zu geraten.

Eine Spezialistin hat keine Produkte, Sie vertritt Konzepte!

Schauen Sie genau hin und Ihnen fällt doch sicher auch auf, dass Drogeriemärkte, Apotheken, Parfümerien oder Kaufhäuser zwar Produkte (hoffentlich nicht Ihre) verkaufen, aber keinerlei Konzepte anbieten können! (Apropos eigene Produkte im umliegenden Handel: In Ihrem Sortiment machen Produkte nur wirklich Sinn, wenn sie im Einzelhandel nicht parallel angeboten werden! Achten Sie bei Ihren Lieferanten darauf, dass mögliche Umsätze Ihrer Kunden über den jeweiligen Internetshop auch Ihnen anteilig gut geschrieben werden!)
Ein Konzept weist Sie als Spezialistin aus und macht Sie sofort im Vergleich zu vielen anderen Kosmetikerinnen *anders*. »Ein Konzept kann man nicht kaufen – man muss es erleben, Frau Kundin!«

Ganz praktisch noch ein letzter Hinweis zur Klarheit des Konzeptes: Stellen Sie sich vor, Sie würden bei jeder Neukundin oder potenziellen Neukundin – die Gutscheinkundin, die aufgrund eines geschenkten Gutscheines zu Ihnen kommt – von vorneherein Ihr Konzept, wie Sie behandeln, vorstellen. Sie erklärten ab sofort, dass Sie eine Spezialistin für die sichtbare Hautverjüngung sind und schon deswegen auch auf die Mitarbeit der Kundin zwischen den Behandlungsterminen bestehen müssten. Denn Sie sind eine (sehr gefragte) erfolgsorientierte Kosmetikerin!

Für Sie ist wichtig, dass am Ende einer Behandlungsreihe auch Ergebnisse sichtbar werden! »Frau Kundin, Kosmetik ist dann gut, wenn man's sieht!«

Binden Sie ruhig die Kundinnen in ein gemeinsames Ziel mit ein. Das Ziel Ihrer Kundin wird zu Ihrem Ziel, und Ihr Ziel wird zur Aufgabe und Verpflichtung Ihrer Kundin.

Das bringt Sie auf den eigentlichen Kundennutzen. Was hat die Kundin davon, mit Ihnen zu arbeiten? Was hat sie davon, Ihre Produkte zu kaufen und Ihre Behandlungen zu buchen?

Je klarer Sie diesen Nutzen für Ihre Kunden beschreiben und vertreten können, desto einfacher lassen sich Kunden für Ihre Arbeit begeistern.

Wecken Sie Bedürfnisse

Leichter gesagt als getan? Nein, ich glaube nicht. Denken wir bitte an dieser Stelle nicht zu kompliziert. In dem Mix aus Internet, Facebook und Anzeigen bzw. Artikeln können wir wunderbar ohne viel Aufwand neue Ideen platzieren und herausfinden, ob die Kundinnen darauf reagieren, oder bereits schon im Vorfeld austesten, wie wichtig das eine oder andere Bedürfnis ist.
Nehmen Sie einmal das Beispiel: Abendtermine. Sie starten auf Ihrer Internetseite mit dem Hinweis, dass Sie in zwei Monaten mit der Business-Ladies-Night beginnen wollen. Also ein Angebot für die berufstätige Frau im anspruchsvollen Beruf, in welchen die Damen tadellos präsent sein müssen. Dieses Angebot, so berichten Sie, richtet sich vor allem an die Damen, die tagsüber keine Zeit finden und in Ruhe etwas für sich tun wollen und genießen möchten. Vielleicht finden Sie einen befreundeten Friseur, der Sie an solchen Abenden mit Rat und Schnitt unterstützt. Und ist es kein Friseur, vielleicht ist es ein Visagist?

Dann posten Sie dieses Vorhaben auf Facebook und sprechen Sie all Ihre Freundinnen an, diese Ankündigungen mit zu *teilen*. Jetzt können Sie in den nächsten Tagen sehen, wie Ihre Kundinnen reagieren. Posten Sie kleinere bis mittlere Erfolgsmeldungen. Posten Sie, dass ein besonderer Friseur kommt, der Champagner bereits kühl steht, das Interesse überwältigend ist usw.

Schreiben Sie einen kleineren Artikel für Ihre Presse – niemals in der Ich-Form, sondern berichten Sie über die Vorbereitung und Durchführung/Einführung dieser Late-Night-Tour.

Am ersten Abend, den Sie durchführen wollen, haben Sie als Reserve bitte ganz viele Freundinnen eingeladen. Wenn keine Kundinnen kämen, was ich nicht glaube, dann könnten Sie dennoch einen gigantischen Abend erleben. Und wenn Kundinnen im Hause sind, geht die Rechnung genial auf! Sie haben sicher einen Bekannten oder Partner, der mit der Kamera gute Bilder macht, die

Sie anschließend auf Ihre Internetseite mit dem Hinweis des großen Erfolges posten wollen. Bitte beachten Sie, dass Gesichter von vorne erkennbar nur mit Erlaubnis der Betroffenen verwendet werden dürfen. (Wenn Sie Freundinnen und Freunde dabeihaben, ist dies sicher kein Problem!)

Dieser Business-Abend wird eine Mischung aus Präsentation Ihrer Konzepte, Präsentation Ihrer Räumlichkeiten und sofortigen Behandlungsangebote sein. Sorgen Sie für ausreichend Sekt und sprechen Sie mindestens zwei Freundinnen zur Mithilfe bei der Bewirtung an.

Place (P2) - oder wie findet die Kundin Ihr Institut?

Die Gesellschaft für immobilienwirtschaftliche Forschung e.V., kurz GiF, beschreibt in der sogenannten »MF-H«, also den Mietflächen für Handelsräume, den Zusammenhang zwischen der jeweiligen Lage des Geschäftes, die Höhe der Miete und der Passantenfrequenz.

Eine 1a-Lage eines Geschäftes oder Kosmetischen Institutes liegt dann vor, wenn Ihr Geschäft in einer umsatzstarken, hochfrequentierten, also der besten Einkaufslage Ihrer Stadt oder Ihres Stadtteils liegt. Diese 1a-Lage ist nur sehr preisintensiv zu haben und setzt auf den Effekt, dass Kunden Sie erkennen *müssen*! Dieses *müssen* meint hier, dass der ganze Wert der Lage eben über die Besucherfrequenz definiert ist. Eine hohe Passantenfrequenz (70 bis 100 % der höchsten Passantenfrequenz am Ort) würde bedeuten, dass potentielle Kunden an Ihrem Ladengeschäft vorbei liefen, Sie als Kosmetikerin erkennen und Sie als *interessant* zum Erstbesuch einstufen müssen. Würden Sie nicht auf Laufkundschaft setzen, so wäre diese Lage wahrscheinlich kaufmännisch betrachtet eher nicht sinnvoll. Diese Lagen werden mit 80 bis 100 % der Spitzenmiete Ihrer Stadt abgerechnet.

Allerdings ist ganz eindeutig, dass der Aufwand, neue Kunden zu erreichen und anzusprechen, bei ungünstigerer Lage deutlich ansteigen muss! Während in der 1a-Lage noch ein Aufsteller auf dem Bürgersteig ausreichen kann, benötigen Sie für die Neukundenwerbung in anderer Lage aufwendigere Strategien.

Die 1b-Lage grenzt meist an die 1a-Lagen. Meist sind es Nebenstraßen der Haupteinkaufsstraßen. Und diese 1b-Lagen grenzen wiederum an die sogenannten Nebenlagen bzw. Streulagen. 1b-Lage sind definiert mit 40 bis *70* % Passantenfrequenz. Nahezu im gleichen Maße reduziert sich auch die Ladenlokalmiete. Neben- und Streulagen erreichen maximale 40 % der Passantenfrequenz und kosten dafür auch nur *40* % der Spitzenmiete Ihrer Stadt.

Eine 1a-Lage bedingt um so wichtiger ein klares Gesamtkonzept, als dass es Nebenlagen benötigen. Hier reicht es nicht mehr aus, als Kosmetikerin mehr oder minder passiv auf Kunden und deren Wünsche zu warten, sondern vielmehr bedarf es hier klarer Alleinstellungen, einer selbstbewussten eindeutigen Darstellung und einer aktiven Kundenansprache.

Würde eine Kosmetikerin ausschließlich *nur* Ware verkaufen wollen, so würde sie sehr wahrscheinlich *nur* eine Parfümerie oder eine Drogerie betreiben oder mit einer Apotheke eine Kooperation eingehen. Hierbei wäre sie erheblich auf sogenannte Laufkundschaft (1a-Lage) angewiesen. Das sind Kunden, die mehr oder minder zufällig am Ladengeschäft vorbeilaufen und, angeregt durch die Präsenz der Verkaufsstätte, in den Laden hineinfinden, um ihren Bedarf zu decken. Hier wäre ein Ladenlokal mit Schaufenstern und ansprechender Dekoration Pflicht!

Kosmetische Anwendungen *und* vorhandene Schaufenster können ein sehr großes Problem darstellen, wenn die potenzielle Kundschaft den Eindruck gewänne, dass sie dort eher ungeschützt vor äußeren Einblicken präsentiert würde. Dies will bedeuten, dass prinzipiell die Kosmetikerin nicht wirklich ein Ladengeschäft im klassischen Sinne benötigt. Im Gegenteil: Je spezialisierter eine Kosmetikerin arbeitet, desto günstiger bzw. ansprechender ist ein sogenanntes Praxisambiente.

Stellen Sie sich eine 1a-Lage eines Kosmetischen Institutes in einem Innenstadtbereich vor, direkt am Marktplatz. Also beste Lage, 180 m² Praxisfläche in einem neuen Praxisgebäude. Und jetzt werden Sie als Kollegin eingeladen, um mit der Kosmetikerin zu überlegen, wie neue Kunden angesprochen werden sollen. Die Adresse haben Sie und fahren hin. Vor dem Gebäude angekommen schauen Sie ratlos, weil nirgendwo am Gebäude ein Hinweis auf dieses Institut zu erkennen ist. Unten im Erdgeschoss hat eine Apotheke mit Ladengeschäft eine Leuchtschrift am Gebäude werbewirksam angebracht. In einem angeketteten Aufsteller, der schon oft im Regen stand, sind zwei DIN-A4-Blätter mit einem Computer vollgedruckt. ... Dies ist der einzige Hinweis auf dieses Institut, welches nach längerem Suchen nur über den Hintereingang des Gebäudes zu erreichen ist. Was würden Sie als Kundin denken?

Eine 1a-Lage bedingt auch eine 1a-Präsentation! Sonst ist der Vorteil großer Laufkundschaft nicht nutzbar. Und wenn Sie die Laufkundschaft nicht so sehr benötigen, weil Sie beispielsweise mehr über Empfehlungen arbeiten, dann reicht allemale auch eine 1b-Lage aus. Zu dem Beispiel zurück: Ganz wichtig würden Sie dieser Kollegin ein Praxisschild und vernünftige Aufsteller empfehlen, oder?

Wesentlich wichtiger, als auf die zufällige Laufkundschaft zu bauen, wird es mehr und mehr, online im Internet sehr gut auffindbar zu sein! Und wenn Sie Internet hören oder lesen, dann denken Sie bitte nicht an den Rechner zuhause im Schreibzimmer. Sondern beachten Sie bitte, dass mittlerweile mehr als 30 Mio. Smartphones in Deutschland Internet mobil ermöglichen. Wonach soll ich suchen, um Sie im Internet zu finden? Haben Sie überhaupt eine eigene Internetseite?

Vorsicht vor zu kreativen Fantasienamen!

Um auffindbar zu sein, sollten Sie auch im Namen klar und eindeutig einen Hinweis anbieten, dass es sich bei Ihrem Institut um anspruchsvolle Kosmetik handelt. Ein Beispiel soll es verdeutlichen: Nehmen Sie einmal den Begriff »Belladonna« (übersetzt: schöne Frau) und suchen Sie in Google nach diesem Begriff. Dort finden Sie einen Anbieter für Naturkosmetik, für Moden für die starke Frau und einen Hinweis auf eine offizielle Seite eines Pornostars. Oder *googeln* Sie einmal den Begriff »Bel Etage«. Hier werden

Sie neben einer Musikkneipe, vielen Ateliers und Einrichtungshäusern auch Kosmetikangebote finden.

Price (P3) – Kunden kann man nicht kaufen

... wir müssen sie für uns gewinnen! Wir besprachen bereits weiter oben, dass keine Kundin zu Ihnen kommt, um zu sparen. Damit ist hier an dieser Stelle zu betonen, dass nicht der Preis als solcher im Mittelpunkt unseres Marketingkonzeptes stehen soll. Rabatte oder Bemusterungen (Pröbchen) wirken eher entwertend auf das Konzept. Je klarer und damit notwendig erscheinender das Konzept für die Kundin wirkt, desto weniger wichtig wird und ist der Preis!

Verkaufen können – überzeugen durch Persönlichkeit

Sicher ist das Verkaufen-Können prinzipiell ein wesentlicher Bestandteil des Marketings. Keine Frage. In unserem Zusammenhang aber bedingen sich mindestens beide Themen gegenseitig, wie die Henne und das Ei. Funktioniert der Verkaufsprozess nur dadurch, dass es ein perfektes Marketing gibt, oder kann sich erst das perfekte Marketing entfalten dadurch, dass es beste Verkäufer gibt? In viele größeren Unternehmen streiten regelmäßig die Vertreter des Marketing mit den Vertretern des Verkaufs. Der eine könnte mehr verkaufen, wenn das Marketing wüsste, wie Verkaufen funktioniert – und die anderen schimpfen auf den unfähigen Verkauf, der mit übergeordneten Strategien nicht klar komme.

Ihr Geschäft ist ein personengebundenes Geschäft! Nahezu alles dreht sich um Ihre Person als Inhaberin. Tatsächlich ist es so, dass sich Ihre Produkte nicht selber verkaufen können. Dafür sind Ihre Produkte viel zu speziell. – Sie als Inhaberin verkörpern alles, rund um Ihr Leistungsangebot. Es ist der Erfolg mit den Produkten und mit den Konzepten, sowie sicher auch der wirtschaftliche Erfolg Ihres Unternehmens. Sie verkörpern persönlich auch die Freude, die Kosmetik bereiten kann. Wirken Sie sicher, fühlen sich Ihre Kunden ebenfalls sicher bei Ihnen. Hierzu gleich noch mehr.

Promotion (P4) - Ihre Kommunikation im Internet

Sie benötigen dringend eine eigene Internetpräsenz. Mittlerweile kommen Sie auch mit geringem finanziellem Aufwand ins Internet. Die wichtigere Aufgabe neben der Finanzierung ist es tatsächlich, sich zu überlegen, was Sie eigentlich selber über sich aussagen möchten und können? Neben Methoden und Konzepten möchten Ihre Kundinnen Sie sehen!
Ganz sicher benötigen Sie keine Internetseite, die mehrere tausend Euro kostet. Die Zeiten sind vorbei. Fragen Sie z. B. doch einfach mal bei Ihrem Lieferanten an, ob er Sie in Sachen Internetpräsenz mit Ideen oder bereits vorbereiteten Internetseiten unterstützen kann? Sie werden staunen, was da alles bereits für Sie vorbereitet ist.

Und wenn Sie weder viel Geld ausgeben noch sich an Lieferanten wenden wollen, dann stehen auch sogenannte Content-Management-Systeme zur Selbstprogrammierung von Internetseiten sehr preiswert zur Verfügung. Der Vorteil hier ist, dass Sie jederzeit flexibel sind und selber oder durch Partner Ihre Seiten pflegen und ändern können. Das Grundgerüst wird Ihnen vorgegeben und muss nicht programmiert werden. Inhalte und Bilder eingefügt, und fertig ist das professionelle Outfit für Ihr Institut.
Vielleicht möchten Sie das ganze noch etwas professioneller gestalten? Binden Sie in Ihre Internetpräsentation einen Internetshop ein. Einerseits vereinfachen Sie guten Kunden die Nachbestellungen und andererseits zeigen Sie eine zeitgemäße Professionalität. Diese Shop-Funktionen können Sie bei Ihrem Lieferanten anfragen oder helfen sich auch hier mit einer bereits vorbereiteten Softwarelösung. Persönlich kann ich Ihnen die Software der Firma Data-Becker, Düsseldorf, mit ihren Produkten: Web-to-date® oder Shop-to-date® empfehlen. So ein Shop macht natürlich nur dann Sinn, wenn Ihre Lieferanten für eine Preisstabilität sorgen bzw. nicht an Ihnen vorbei über sogenannte Outlet-Stores deutlich unterhalb Ihrer Kalkulationen die Produkte anbieten und verkaufen.

Ganz sicher gilt:

An einer sehr guten Internet-Präsentation kommen Sie nicht mehr vorbei!

Mit zur Internetkonzeption gehört ganz wichtig die Sammlung von eigenen Suchbegriffen, wie man Ihr Institut im Internet finden sollte. Listen Sie unbedingt einmal etwa 20 Begriffe auf, wie Ihren Städtenamen, Ihr Fachgebiet, Ihre Methoden und wichtigsten Verkaufsprodukte. Diese Liste wird anschließend auf Ihrer Internetseite bzw. im Quellcode Ihrer Internetseite als sogenannte Schlüsselwörter definiert. Sobald also Ihre (neuen) Kunden diese Begriffe in die Suchmaschinen eingeben würden, würde man Sie an Ihrem Ort vorgeschlagen finden.

Kennen Sie Google-AdWords?

Sie können für relativ kleines Geld und unter voller Budgetkontrolle bei der größten Internet-Suchmaschine Google sogenannte AdWords definieren. Wenn Nutzer von Google nach Begriffen suchen, die Sie vorher definiert haben, so erscheint deutlich hervorgehoben ein Verweis auf Ihre Internetseite in dem Suchergebnis von Google. Das Tolle ist bei diesem Medium, dass Sie sich kostenlos und im Vorfeld von Google-Experten beraten lassen können.

Facebook – ein Muss

Glauben Sie mir, ich habe ganz viele Argumente gehört, warum Facebook nicht wirklich etwas mit *Freundschaften* zu tun haben soll. Ja, es wird sicher stimmen. Definieren Sie »Freundschaften« bitte eher großzügig sozusagen *amerikanisch*, dann wird Ihnen klar, dass nicht Ihre Art von Freundschaftspflege gemeint sein wird. Hier bedeutet Freundschaft so viel wie: »Hey, wir kennen uns doch, oder?« ... Und in Ihrer Selbstständigkeit können Sie gar nicht genügend Menschen kennen, die gerne über Sie sprechen bzw. sich austauschen möchten.

Sammeln Sie sehr großzügig Kontakte in Facebook. Posten Sie regelmäßig kleinere und mittlere Erfolgsmeldungen. Nach Möglichkeit sollten Sie auf den meisten Bildern selber zu sehen sein. Warum? Sie betreiben ein personengebundenes Geschäft!

Promotion (P4) – Direkte Kommunikation mit Ihren Kunden

Woher wissen Sie, was Ihre Kundin haben möchte?

Fragen Sie nach! Sprechen Sie Ihre Kundinnen an: »Frau Kundin, was halten Sie von ... ?« oder »Wie wichtig wäre Ihnen dieses oder jenes Zusatzangebot?« Und wenn Sie mehrere Fragen haben, dann entwerfen Sie doch eine Frage- und Antwortliste. Schreiben Sie alles auf, was Sie wissen möchten.

Welche Öffnungszeiten sind für Ihre Kunden die Besten? Welches Interesse ist an einer Business-Night vorhanden? ... Wie wichtig sind sichtbare Hautergebnisse? Wie viel Zeit darf eine Behandlung dauern?

Oder: »Frau Kundin, worauf legen Sie bei einer kosmetischen Behandlung am meisten wert?« Vielleicht bieten Sie bereits mehrere Antwortmöglichkeiten zum Ankreuzen an.

Fragen Sie doch einmal ab, welche Zeitschriften regional oder überregional gelesen werden. »Lesen Sie Anzeigen? ... Oder: Möchten Sie regelmäßig durch einen Newsletter informiert werden?«

Das ganze lässt sich sogar sehr gut und einfach auf einer Unterseite Ihrer Internetpräsentation realisieren und auswerten. Vielleicht noch ein kleines Preisausschreiben ausloben, und die Beteiligung weitet sich aus. Möglicherweise fordern Sie sogar auf, in einem sozialen Netzwerk über bestimmte Fragestellungen abzustimmen?

Den meisten Kosmetikerinnen geht es bei Marketing bzw. bei der Werbung speziell um die Neukundengewinnung. In der nachfolgenden kleinen Tabelle haben wir die klassischen Mittel und modernen Methoden zur

Neukundengewinnung in kostenintensiv und kostengünstig unterteilt.

Neukundengewinnung	Klassisch	Modern
Kostenintensive	Anzeigen	Internetwerbung (Adwords)
	Postwurfsendungen	Messen
Kostengünstig	Empfehlungsmarketing	Homepage (Internetshop)
	Großplakatwerbung	Social Networks
	Events (z.B. Hochzeitsmessen)	Kooperationen
	Public Relation	Guerilla-Marketing
	Schaukästen	Newsletter-Service

Ein Großteil der Kosmetikerinnen bestätigt den Trend, dass Anzeigenwerbungen in Tageszeitschriften viel Geld verschlingen und leider nur mäßigen Erfolg bringt. Das muss in Ihrer Region nicht zwingend genauso sein, aber Sie sollten sehr genau abwägen und bei Ihren Kunden erfragen, ob diese Zeitung wirklich in Ihrer Zielgruppe gelesen wird.

Stellen Sie sich vor, Sie schalten eine Anzeige für 500 Euro in Ihrer örtlichen Zeitung. Und stellen Sie sich weiter vor, Sie gewinnen aus dieser Aktion 2 neue Kunden. Dann erkennen Sie schnell, dass also jede neue Kundin Sie 250 Euro gekostet hat. Vielleicht gewinnen Sie 5 Kundinnen, dann hat jede Kundin nur 100 Euro Werbungskosten gekostet.

Tatsächlich ist es so, dass es nahezu keine qualifizierten Auswertungen für die kosmetische Branche gibt, bei welcher Werbemethode und welchem Geldeinsatz (Kosten) wie viele Kunden neu gewonnen werden können.

Als wirklich sehr grobe Richtgröße möchte ich 100 Euro als butterweiche Grenze zwischen kostenintensiv und kostengünstig ziehen. Oder mit anderen Worten: 100 Euro pro neuer Kundin zu investieren ist ein guter Mittelwert. Lägen Sie mit einer Methode der Neukundengewinnung deutlich darunter, so sind Sie kostengünstig erfolgreich.

So können Sie beispielsweise auch die Aktionen mit Postwurfsendungen auswerten. Einmal davon abgesehen, dass dem Endverbraucher diese Flyer eher lästig als Papiermüll auffallen, brauchen Sie nur Ihre Gesamtkosten

(Grafikleistungen, Druck und Verteilung) dieser Aktion durch die Anzahl gewonnener Neukunden teilen. Beim Einsatz von 2.000 Euro nur 10 Kunden zu gewinnen, ist nicht die beste Quote.

Wichtig aber ist für Sie als Ihre eigene Marketing-Managerin: Fragen Sie und zählen Sie nach! Fragen Sie jede neue Kundin, wie sie auf Sie aufmerksam geworden ist, und notieren Sie sich dieses Ergebnis unbedingt. Nur dann können Sie für sich und Ihre Region auswerten, was für Sie zukünftig am meisten Sinn macht.

Die Internetwerbung kann sehr viel Geld verschlingen, vor allem dann, wenn Sie die Erstellung und Betreuung komplett aus der Hand geben. Wir hatten oben ausgeführt, dass es auch recht kostengünstig zu betreiben ist. Nicht immer kann man sagen, dass viel Geldeinsatz auch immer viel Ertrag bringt. Auch an diesem Umstand erkennen Sie, dass auch diese Tabelle nur ein grober Anhalt ist. Sollte Ihr Lieferant Ihnen die Erstellung der Internetseiten vereinfachen oder übernehmen, so relativieren sich die Kosten hierfür deutlich.

Kunde wirbt Kunde

Bieten Sie Ihren guten Kundinnen einmal mehrere vorgedruckte Empfehlungskarten an. Auf dieser Karte würde die Kundin sich als Empfehlende eintragen und diese Karte an gute Freundinnen und Freunde weiterreichen. Für jede erfolgreiche Empfehlung bekommt die Empfehlende 20 Euro als Gutschein gutgeschrieben. Selbst wenn 20 Euro Ihnen als zu viel erscheinen sollten, es gibt kaum eine Werbung (siehe oben), die effizienter und kostengünstiger ist. (Voraussetzung ist selbstverständlich hier, dass Sie bereits sehr gute Leistungen erbringen!)

Diese Werbung von Neukunden funktioniert mit einem direkten Belohnungssystem für Ihre Stammkundin. Die Kundin bekommt etwas dafür, wenn sie Sie weiter empfiehlt. Ich weiß, dass es Kolleginnen gibt, die mit diesem Mittel gute Erfolge erzielt haben. Nichts habe ich gegen Erfolg. An dieser Stelle möchte ich zwei Aspekte zu bedenken geben: Erstens, wenn die bestehende Kundin von Ihnen wirklich überzeugt ist, dann müsste sie nicht bezahlt werden dafür, dass sie eine Empfehlung ausspricht. Das wirkt auf die sensible Kundin eher wie eine ihr unterstellte Käuflichkeit. Und zweitens rufen Sie möglicherweise mit einem solchen Wertgutschein das Thema Preisgestaltung auf den Plan, wo Sie es nicht brauchen können. Denn Ihre Kundin ist doch bei Ihnen und von der Behandlung überzeugt und zahlt gutes Geld hierfür. Bei Preisnachlässen oder Rabatten droht immer auch die Gefahr von aufkeimenden Gewohnheitsrechten. Oder anders: »Nichts ist schlimmer, als die gute Tat!«

Probieren Sie doch einmal einen völlig anderen Ansatz aus: Sie übergeben Ihren 10 besten Kundinnen sozusagen handverlesen jeweils einen Gutschein im Wert für 60 Euro für deren beste Freundin.

Hier ist unbedingte Voraussetzung, dass der Gutschein wertig aussieht, handschriftlich die 60 Euro eingetragen sind und sowohl abgestempelt als auch durch Sie *echt* unterzeichnet worden ist. Dieser Gutschein darf nicht aussehen, als ob er Massenware wäre.

Das Problem der meisten Gutscheinaktionen mit vermeintlichen Kooperationspartner ist dies, dass die Gutscheine gewöhnlich und wertlos erscheinen. Würden die Gutscheine bei Ihrem besten Autohändler vor Ort wertig wirken und richtig übergeben, so würden sie auch funktionieren. Dies gilt auch für allen anderen Gutscheine an Friseure, Restaurants, Modehäuser oder wen auch immer.

Denken Sie daran: Das Auge isst mit! Der Gutschein muss so wirken, dass die Beschenkte glauben wird, dass dieser Gutschein tatsächlich von der überreichenden Freundin bezahlt wurde!

Ihre Stammkundinnen bekommen also gar nichts für diese Empfehlung! Was sie erhalten, ist die Möglichkeit, selber Freude zu verschenken. Das ist ungleich wertvoller! Und wenn Sie jetzt noch überdenken, dass Sie einerseits nur dann wirklich Kosten haben, wenn die angesprochene neue Kundin auch wirklich zu Ihnen kommt, und andererseits berechnen, dass Sie dann etwa 40 Euro selber für Ihren Arbeitseinsatz investieren müssten, dann erkennen Sie sofort, dass diese Methode der Neukundengewinnung nicht nur kostengünstig, sondern auch sehr präzise dosierbar ist.

Wie schaffe ich es, ein Geheimtipp zu werden?

Kennen Sie etwas, das anziehender für Frauen und Männer ist als Geheimnisse? Oder anders gefragt: Was ist die beste Methode, um Gesprächsstoff zu verbreiten? Ja, es sind die Geheimnisse!

Ziel dieser Geheimtipp-Aktion ist es, mit einer Kombination aus dem »Geheimnis« bzw. dem »Geheimtipp« und dem eigenen »Ortsnamen« eine sehr gut merkfähige Internetadresse zu verbreiten. Und nicht nur das. Sondern ganz nebenbei verbreiten Sie auch noch, dass Sie als Person eben dieser Geheimtipp sind.
Für diejenigen unter Ihnen, die schon eine Internetseite betreiben, bedeutet dies nicht zwangsläufig, alles im Internet neu entstehen zu lassen. Viel einfacher ist es, wenn Sie sich eine Wunschdomäne aussuchen und über Ihren Provider (das könnte beispielsweise 1&1 sein) buchen und direkt auf Ihre bestehende Internetseite umleiten lassen. Bei der Umleitung haben Sie dann die Wahl, dass Sie eine sogenannte »Frame-Umleitung« oder eine sogenannte »HTTP-Umleitung« einstellen können. Für unser oben genanntes Beispiel bedeutet dies, dass bei einer gewählten Frame-Umleitung nach Eingabe der neuen Internetadresse »www.geheimtipp-vohburg.de« sich dann das Umleitungsziel »www.kosmetik-im-blauen-haus.de« zwar öffnen würde, aber in der Adresszeile des Browsers nach wie vor »www.geheimtipp-vohburg.de« angezeigt bliebe. Wenn Sie lieber die Hauptseite (das Ziel Ihrer Umleitung) auch angezeigt haben wollen, wählen Sie lieber die »HTTP-Umleitung« aus. Denn dann wird aus der eingegebenen Zeile »www.geheimtipp-vohburg.de« nach der Umleitung die Zeile »www.kosmetik-im-blauen-haus.de« angezeigt. Wozu das wichtig ist? Denken Sie sich, Sie würden einer Geheimtipp-Adresse auf die Spur kommen wollen. Da macht es nicht wirklich Sinn, wenn das Ziel Ihrer Suche plötzlich nach Eingabe des Suchbegriffes im Browser plötzlich wieder verschwindet, oder? Auch beachten Sie bitte bei der Umleitung auf Ihre Hauptgeschäftsseite, dass dort auch etwas zu Ihrem Geheimtipp-Status oder Ihrer Aktion beschrieben steht. Statt Umleitung können Sie mit ein

wenig mehr Aufwand auch eine einzelne Startseite anfertigen, von welcher die Kundin per Mausklick erst auf Ihre eigentliche große Internetpräsentation geführt wird.

Geben Sie einmal »www.geheimtipp-düren.de« ein, und Sie gelangen auf diese Seite hier ...

Die Kundin wird auf der Geheimtipp-Seite (von Frau Elke Pahrmann aus Vettweiß) empfangen, und Sie kann sich dort sprichwörtlich ein Bild machen, was mit »Geheimtipp« gemeint sein soll. Durch einen Mausklick auf den oberen Button »... zum Geheimtipp« gelangt die Kundin auf die Hauptseite von Frau Pahrmann. Perfekt.

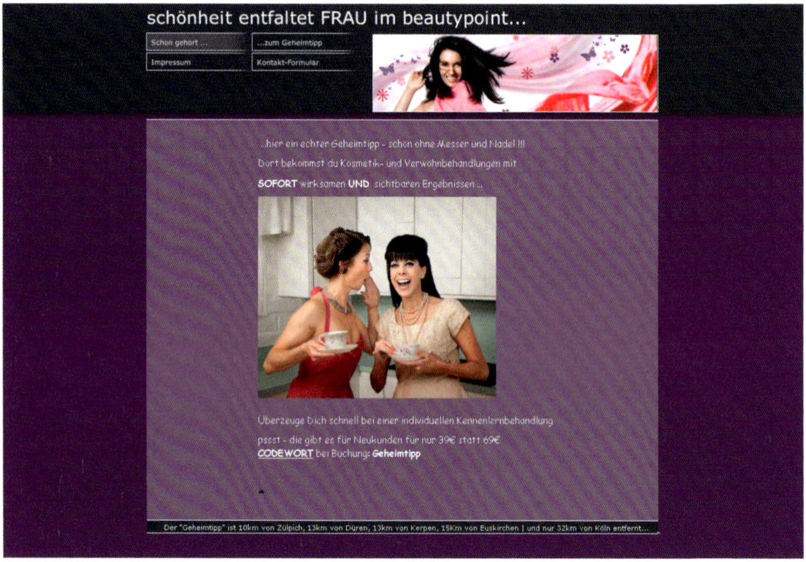

Ganz wichtig noch: Nachdem Sie nun die Geheimtipp-Internetdomäne besorgt und umgeleitet (oder eine Startseite gestaltet) haben, müssen Sie diese neue Web-Adresse auch kommunizieren. Drucken Sie diese neue Domäne auf Ihr Poster, auf Ihre Visitenkarten und Ihre Flyer. Auf Gutscheinen gehört sinnvollerweise auch nur noch Ihre neue Adresse mit dem Geheimtipp. Nicht nur, dass die einzelne Kundin sehr viel neugieriger auf Sie wird, sondern sie wird auch der einen oder anderen Bekannten oder Freundin von diesem Geheimtipp erzählen. »Geheimnisse« sind dazu da, geheim weiter gegeben zu werden!

Kennen Sie schon den QR-Code?

Dieser Code *setzt* dieser Geheimtipp-Aktion noch den berühmten i-Punkt drauf. Dieser Code ist deswegen so interessant auch für Sie, weil er einerseits neugierig macht, andererseits auch die schätzungsweise 30 Millionen deutschen Smartphone-Besitzer anspricht und dann noch bestechenderweise kostenlos zu erstellen ist (siehe hierzu die Internetseite http://qr-code-generator.de). Ob Sie nun Ihren Domänennamen oder Ihre kompletten Kontaktdaten weitergeben wollen, all das können Sie in diesem kleinen Würfel unterbringen! Der Smartphone-Besitzer scannt dieses Quadrat ein, und alle Ihre Daten, Botschaften oder Ihre Domäne sind auf seinem Handy abgespeichert. Das ist sehr zeitgemäß und passt, wie schon ausgeführt, sehr gut zu »geheimen Botschaften«.

In diesem Code ist die Domain www.geheimtipp-marketing.de chiffriert.

Ab in die Zeitung mit Ihnen

Je nach Region und lokalen Anbietern macht es natürlich Sinn, zur Neukundengewinnung auch Anzeigen in den Stadtmagazinen oder Handelsblättern zu platzieren. Und noch einmal möchte ich Sie auffordern, dann ruhig Ihre Geheimtipp-Seite zu bewerben. Sie werden staunen! In dieser Anzeige auch bitte den entsprechenden QR-Code platzieren, und die Aufmerksamkeit ist garantiert.

So weit, so gut. Durchschlagenden Erfolg bringen Ihnen aber eher Anzeigen, die offenkundig keine werblichen Anzeigen sind, sondern eine redaktionelle Aufmachung haben. Mit anderen Worten: Schreiben Sie einen Artikel über sich selber so, als ob Sie eine Reporterin wären, die über Sie zu berichten hätte.

»Frau *Kosmetikerin* gilt als Spezialistin für die Anwendung von hocheffizienter Wirkstoffkosmetik. Frau *Kosmetikerin* hierzu: ›Ich wende gerne meine eigenen Produkte an, die man im normalen Geschäft nicht kaufen kann, denn Spezialprodukte gehören in Spezialistenhände!‹ Das Institut für Dermokosmetik in »*Ihr Ort*« ist ein wahrer Geheimtipp. ... Zur *Kosmetikerin* kommen jene Kundinnen, die mehr als das Übliche bei einer Kosmetikerin suchen ...« So oder so ähnlich könnte auch Ihr Artikel beginnen. Dann noch ein gutes freundliches Bild von Ihnen und Ihre Kontaktdaten sowie den Hinweis auf Ihre Homepage. Vielleicht ergänzt um zwei, drei Spezialitäten – fertig ist ein toller Artikel.

Eventuell berichten Sie noch, dass es immer Donnerstagabend von 17:00 bis 23:00 Uhr ganz neu einen »Business-Abend« für die Frau in leitender Funktion und für Selbstständige gibt.

Es gibt Handelsblätter, die bei guten Artikeln tatsächlich diese auch kostenlos übernehmen. Das ist der Tatsache geschuldet, dass die meisten kleineren Blätter nur noch wenige Redakteure beschäftigen und somit gerne Fremdmaterial verarbeiten, sofern es gut gemacht ist.

Person (P5) - Das personengebundene Geschäft

Ein wesentlicher Unterschied zwischen Angestellter und Unternehmerin ist in der Außenwirkung immer dieser: Eine Unternehmerin steht sprichwörtlich für ihr Konzept, für ihre Idee, ihr Unternehmen gerade! Dies bedeutet aus Sicht unseres praktischen Marketing-Ansatzes, dass eine Kosmetikerin ganz vorne, als Hauptperson, in der Darstellung des Unternehmens voranstehen *muss*!

Sie können einen sehr gut geführten Betrieb als Kosmetikerin betreiben. Über Jahre haben Sie sich einen Namen in Ihrer Region erarbeitet. Kundinnen sprechen über Sie und empfehlen Sie weiter. Vielleicht müssen Sie eines Tages den Wohnort wechseln, vielleicht suchen Sie irgendwann, aus welchen Gründen auch immer, eine Unternehmensnachfolge? Sie wollen Ihr Geschäft verkaufen. Und jetzt werden Sie beobachten können, dass Ihre Nachfolgerin automatisch nur an Ihnen *persönlich* gemessen wird!

Nicht der Standort und auch nicht die Produktlinie sind entscheidend für den Erfolg, Sie sind es! Oder noch plakativer: Die Kundinnen kamen zu *Ihnen* und nicht in Ihr Geschäft!

Ihre Kundinnen suchen die Spezialistin, der man *vertrauen* kann. Produkte sind viel leichter austauschbar – Vertrauens-Personen sind schwer zu ersetzen! Für unsere Kundinnen sind wir dann die richtige Wahl, wenn wir den seriösen Eindruck vermitteln, die *Beste* in Sachen Kosmetik zu sein.

Woran erkennt eine (potentielle) Kundin, dass Sie die Beste sind? ... Sie sind doch selber Kundin. Überprüfen Sie einmal, wonach und wie schnell Sie für sich klar haben, dass Sie mit einer professionellen Kollegin arbeiten können? Woran erkennen Sie das? Worauf achten Sie als erstes?

Können Sie auch in neuer Umgebung spüren, ob da alles in Ordnung ist? Haben Sie auch so etwas wie den siebten Sinn?

Sie sind aus Sicht Ihrer Kundin die Beste, sonst wäre die Kundin nicht bei Ihnen!

Die Hauptaufgabe eines greifbaren und praktischen Marketings ist, nach außen in die Welt hinein zu verkünden: »Liebe Kundin, *diese* Kosmetikerin (Marketing funktioniert nicht Ich-bezogen!) ist für dich die beste Wahl!«, und nach innen in Ihr Institut hinein zu bestätigen, dass Sie tatsächlich erste Wahl *sind*!

Versetzen Sie sich bitte in Ihre Kundin: Woran bemerkt sie, dass Sie zu den besten Kosmetikerinnen gehören? Woran erkennt man Ihre führende Marktstellung? Was sieht in Ihren Räumlichkeiten nach persönlichem Erfolg aus?

Ohne mich in Wortspielereien zu verfangen: »persönlicher Erfolg« fängt doch offensichtlich mit *persönlich* an, oder? Wäre es da nicht in diesem Sinne sehr wichtig, selber als Kosmetikerin Flagge als Person in ihren eigenen Räumlichkeiten zu zeigen?

Vielleicht sind wir unserer Zeit ein wenig voraus? Aber selbst wenn, dann ist uns der Vorsprung garantiert! ... Was wäre, wenn Sie die üblichen Poster Ihrer Lieferanten gegen Ihre eigenen austauschen würden?

Kennen Sie das? Sie schauen auf ein Plakat mit einer wunderschönen, alterslosen, jungen Frau, die sehr wahrscheinlich nicht von dieser Welt sein kann! Die ist so unerreichbar schön, dass die Betrachtung alleine schon entweder Resignation oder Wut auslösen kann. Sie können davon ausgehen, dass dieses Bild tagelang mit Fotobearbeitungsprogrammen retuschiert worden ist. ... Der Abstand zwischen Ihren Kundinnen und dieser Ikone der Schönheit ist so groß, dass *es* unrealistisch wirkt! Mit *Es* können Sie im günstigsten Falle das Bild als solches übersetzen, oder schlimmer noch, dass das *Es* für die Absicht der Kundin steht, etwas an sich zu machen.

Das absolut Geniale wäre doch, wenn die Kundin statt einem stilisierten Ideal, SIE auf einem Plakat sähe! Das hätte eine ungeheure Wirkung auf Ihre Kundinnen. Auch schon deswegen, weil es noch niemand vorher praktiziert hat. Es gäbe keinen unüberwindbaren Abstand mehr, der zwischen Kundin und Plakat – also zu Ihnen – stünde!
Sie kann sich als Kundin sehen. Sie gibt es in *echter* Ausgabe. Und darüber hinaus kann sich die Kundin auch noch beraten lassen, wie Sie dies geschafft haben. Nichts ist überzeugender als der sichtbare Erfolg. Das wäre sozusagen eine vertrauensbildende Maßnahme!

Es ist ganz einfach mit dem Vertrauen: Vertrauen schafft der, der sich sehen lässt! Vertrauen funktioniert da am besten, wo Menschen sich erkennbar zeigen.

Einmal angenommen, Sie würden einen Fotografen bitten, von Ihnen einige Bilder zu fertigen. Diese lassen Sie sich auf CD mit den Bildrechten zur Veröffentlichung übergeben. Sie selber oder ein Werbegrafiker kann mit geringem Aufwand eines Ihrer Bilder freistellen und vor jeden Hintergrund auf ein Plakat bringen. Dann noch einen netten Spruch aus Ihrem Munde, und fertig ist das Plakat!

Idealerweise markieren Sie Ihren Spruch mit vor- und nachgestellten Anführungszeichen: »Kosmetik ist dann gut, wenn Sie wirkt!« (Dies könnte eine großartige Anspielung auf Ihre Verwendung von Wirkstoffkosmetik sein!) Oder: »Hinter jeder erfolgreichen Frau steht eine erfolgreiche Kosmetik!«

Noch besser: »Das Geheimnis einer erfolgreichen Frau, die im Mittelpunkt steht, ist eine zuverlässige Kosmetik!«

Diese Sprüche sind sogenannte Statements, also Aussagen, die Sie praktischerweise zu Ihrer eigenen Arbeit abgeben. Und diese Statements (oder auch Stellungnahmen) bringen Sie ziemlich sicher und zügig in das Gespräch mit Ihren Kundinnen.

Sofern Sie ein Schaufenster zu gestalten haben, könnte Ihr Plakat auch in Ihrem Schaufenster hängen oder stehen. Vielleicht sogar als Aufsteller vor Ihrem Geschäft?

Was sehen Ihre Kundinnen jetzt? ... Jetzt sehen sie (endlich) eine Kosmetikerin, die sich aus der Masse aller Kosmetikerinnen abhebt. Könnten Sie sich vorstellen,

dass die Kundinnen durch das Plakat Ihre Kompetenz und Professionalität anders bewerten als bei anderen?

Zugegeben, es gehört sicher auch viel Mut hierzu. Aber Sie werden sicher, sehr sicher zum Stadtgespräch. Das ist nicht nur Werbung, das ist perfektes Marketing!

Gerne möchte ich ein Beispiel einer Seminarteilnehmerin mit deren Erlaubnis zeigen:

Darf ich sagen, es ist ein wirklich gelungenes Beispiel, um Aufmerksamkeit und Professionalität zu vermitteln. Das Plakat macht Lust, diese Dame kennenzulernen und mit ihr zu arbeiten.

Zeigen Sie unmittelbaren Erfolg

Ein enorm wichtiger Aspekt in der kosmetischen Behandlung ist der, dass Sie gerade bei Neukundinnen oder potenziellen Neukundinnen unbedingt eine Behandlungsform vorhalten und anwenden sollten, die sofortige Effekte bzw. Ergebnisse zeigen kann.

Stellen Sie sich vor, Sie wenden eine tolle Behandlung an, die Ihren Effekt erst nach Wochen bringen würde, was bringt Ihnen das in der momentanen Akquisephase? Selbst wenn die Kundinnen nach Wochen dann nochmals mit Ihnen die Ergebnisse besprechen wollten, so erklären sie Ihnen dann häufig genug, dass die Behandlung die versprochenen Ergebnisse gar nicht gebracht hätte. ... Sie sehen das anders, aber die Kundin hat die dramatische Veränderung über die acht Wochen nicht wirklich wahrnehmen können. Hier hilft immer ein Vorher-Nachher-Vergleich per Digitalfotografie. Tun Sie sich den Gefallen!

Der unmittelbare Erfolg ist wie ein Sensationserlebnis. So sollte es auch inszeniert sein. Nehmen Sie immer zur Erstbehandlung beispielsweise eine Microdermabrasion zur Hilfe – bei der ersten Behandlung ruhig ohne Berechnung. Die Kundinnen erleben ein wahnsinniges Hautgefühl jetzt in Kombination mit Ihrem sehr guten Produkt.

Oder kombinieren Sie Ihre Dermokosmetik mit der Dermionologie® – für die Kundinnen sehr spektakulär in dem sofortigen Erleben. Viele Kolleginnen berichten von dem Einsatz des neuen Beauty-Angel®, welcher, ebenfalls mit Produkten und/oder Behandlungen kombiniert, angeboten wird.

Und siehe da: Die Kundinnen sind begeistert! ... Sie ahnen es schon. Bei der Begeisterung ist es mir ziemlich gleich, was und wie wir dies geschafft haben. Hauptsache Begeisterung wecken! Die initiale Begeisterung macht Appetit auf mehr und schafft spontane Bindung zu Ihrem Institut bzw. zu Ihnen.

Betriebswirtschaft für Kosmetikerinnen

Viele Kosmetikerinnen übertragen die Betriebswirtschaft bzw. die betriebswirtschaftliche Steuerung des eigenen Unternehmens sozusagen stillschweigend an ihren Steuerberater. Es gibt sicher solche Steuerberater, die mit der Unternehmerin auch die zukünftigen Aspekte der Betriebsführung besprechen, aber prinzipiell verhandeln Steuerberater, wenn man genau hinsieht, lediglich nur die Vergangenheit.

Sie werten Zahlen und Kennziffern aus den bereits verbuchten Einnahmen und Ausgaben aus, und wenn sie dann Befunde erheben, dann sind meist schon Tatsachen geschaffen worden.

Ein Beispiel: Sie legen Behandlungen und deren Preise fest. In der Regel macht man das irgendwie nach Gefühl. Oder noch besser: Sie verschaffen sich einen Überblick, was andere Kolleginnen in Ihrer Region für die gleiche oder ähnliche Behandlung berechnen. Sie kommen so zu einem Preis, von dem Sie glauben, dass er realistisch ist und von der Kundschaft angenommen wird. Stellen Sie sich vor, Sie können vorab berechnen, ob Sie sich die neue Methode oder das neue Angebot auch leisten wollen!

Oder Sie planen eine Investition und möchten vorher nachrechnen, ob Angesichts Ihrer Fixkostensituation und den marktüblichen Preisen für Ihre Behandlungen überhaupt etwas für Sie über bleiben kann. Zwar überprüfen Sie die üblichen Preise Ihrer Kolleginnen zur Bestimmung Ihrer Preise, aber Sie werden nicht mehr übersehen können, dass Ihr Ladenlokal nicht nur größer, sondern auch Ihre Geräteausstattung und Ihr wunderschönes Ambiente aufwendiger ist und mit in die Kalkulation mit einfließen muss.

Ein Steuerberater wird Ihnen in aller Regel mehr oder minder *nur* eine Auskunft über Ihre Liquidität geben können. Die Frage, ob eine Investition möglich oder nötig oder besser noch unternehmerisch sinnvoll ist, sollten Sie anhand der Fragen nach den geplanten Behandlungszahlen, der möglichen Preisgestaltung und Ihrem einzuplanenden Zeitaufwand kalkulatorisch beantworten können. Als Unternehmerin benötigen Sie gerade diese Kompetenz, um Ihr Geschäft strategisch führen und gestalten zu können!

Was möchten Sie verdienen?

»Das Leben ist doch kein Wunschkonzert!«, ist eine von vielen Reaktionen auf diese Frage in der Seminararbeit. Wir können auch anders die Frage stellen: Welches Mindesteinkommen benötigen Sie monatlich auf Ihrem privaten Konto, um Ihren Lebensstandard befriedigend zu erhalten? Ich hoffe sehr, dass wir da spontan einer Meinung sein werden: Wenn wir schon unternehmerisch arbeiten mit allen Risiken, dann aber soll mindestens ein entspanntes Ergebnis dabei heraus kommen, oder?

Wie hoch sollte Ihr Lohn sein?			
Private Miete (incl. NK)			800,00 €
Versicherungen (KV, RV, Haftpflicht)			500,00 €
Lebensmittel			400,00 €
KFZ			200,00 €
Anschaffungen (Möbel)			50,00 €
Bücher / Kultur			50,00 €
Telefon / Internet / GEZ			100,00 €
Spaß (Urlaub)			100,00 €
Kleidung, Friseur, Kosmetik			250,00 €
Sparen (Rücklagen)			100,00 €
Kreditverpflichtungen			100,00 €
Kinder			
...			
...			
...			
...			
Netto private Kosten			2.650,00 €
Einkommenssteuer	Steuersatz	24%	855,29 €
notwendiger Unternehmerlohn mtl.			3.505,29 €
notwenidger Std-Lohn bei mtl. Std-Zahl		140	25,04 €
	brutto Stundenlohn, incl. MwSt	19%	29,79 €

Am Anfang einer durchdachten Unternehmertätigkeit sollte diese Frage bzw. deren Beantwortung nicht einfach übergangen werden. Mir ist bekannt, dass die allermeisten Kosmetikerinnen erst einmal beginnen, weil sie der Überzeugung sind, dass jeder Anfang erst einmal mühsam sein muss und damit die Verdienstaussichten weniger wichtig erscheinen. Wenn das Geschäft gut anläuft, wird sicher auch etwas übrig bleiben.

Mit der ersten Tabelle können Sie sich einen realistischen Überblick verschaffen, wie viel finanzielle Mittel Sie für Ihren Lebensstandard benötigen.

Bitte beachten Sie hier unbedingt, dass diese Tabelle Ihnen einen Anhaltspunkt zu Ihren *privaten* Ausgaben bzw. zu Ihrem privaten Geldbedarf geben soll!

Und tun Sie sich einen Gefallen: Rechnen Sie bitte so, als müssten Sie alleine Ihren Lebensunterhalt bestreiten. Dies ist auch in einer stabilen Lebenspartnerschaft enorm wichtig, weil es einerseits einen realistischen Mindest-Geld-Wert Ihrer Arbeitsleistung ermitteln hilft, und andererseits sozusagen den *Worst-Case* – also den denkbar ungünstigsten Fall – abbilden hilft. Was wäre, wenn Sie von Ihrem alleinigen Verdienst leben und sich organisieren müssten?

Was Sie hier mit der Tabelle zum privaten Kapitalbedarf machen, ist so bedeutend wie der Unterschied zwischen *agieren* und *reagieren*.

Interessant an dieser Tabelle ist, dass es nicht wirkliche Ausreißer in Sachen übertriebenen Luxus gibt.. Und Sie erkennen direkt, dass Sie zur Finanzierung Ihres Privatlebens zwar nur 2.650 Euro benötigen, aber bei einem entsprechenden Einkommenssteuersatz in Deutschland von 24,4 % somit runde 3.505 brutto verdienen müssen. *Verdienen* bedeutet hier die sogenannte *Selbstentnahme*. Da Sie selbstständig als Einzelunternehmerin tätig sind, zahlen Sie sich in der Regel kein Gehalt aus, sondern entnehmen Ihren Finanzbedarf von Ihrem Geschäftskonto. Aber hier gilt große Vorsicht! Zwar entnehmen Sie nur das Geld, welches Sie benötigen, in unserem Falle 2.650 Euro, aber die Steuer hierauf (855,29 Euro) fallen an – nur nicht sofort, sondern im ungünstigsten Falle geballt am Ende eines Abrechnungs-Zyklus mit dem Finanzamt. Und wenn Sie diese Steuer gerade zu Beginn Ihrer Selbstständigkeit sozusagen aus dem Auge verloren haben, also die Einkommensteuererklärung bis zum letztmöglichen Zeitpunkt hinaus schieben, dann kommt Ihnen eine Steuerforderung nicht nur nachträglich für die 12 Monate des vorletzten Jahres, sondern auch die Steuern für das letzte und das aktuell laufende Jahr, also plötzlich für 36 Monate in Ihren Postkasten. Mit Zinsen fordert Ihr Finanzamt dann runde 31.000 Euro ein. Wenn Sie diese Steuern nicht gespart haben, dann kann so eine Forderung bereits das Aus bedeuten.

Der Einkommenssteuersatz ist aus folgender Tabelle entnommen:

Einkommenssteuertabelle				
zu versteuerndes Jahres-Einkommen	Ø Steuersatz* getrennte VA	Ø Steuersatz gemeinsame VA	Steuerlast "ledig"	Steuerlast "verheiratet"
8.130 €	0,00%	0,00%	- €	- €
10.000 €	2,94%	0,00%	294 €	- €
20.000 €	14,12%	2,94%	2.824 €	588 €
30.000 €	19,70%	9,75%	5.910 €	2.925 €
40.000 €	23,69%	14,12%	9.476 €	5.648 €
42.060 €	24,42%	14,83%	10.271 €	6.237 €
50.000 €	27,06%	17,23%	13.530 €	8.615 €
60.000 €	29,90%	19,70%	17.940 €	11.820 €
70.000 €	31,96%	21,81%	22.372 €	15.267 €
80.000 €	33,50%	23,69%	26.800 €	18.952 €
90.000 €	34,70%	25,43%	31.230 €	22.887 €
100.000 €	35,66%	27,06%	35.660 €	27.060 €

__Paul Reinhold Linn__: EkSt & Soli ohne Kirchensteuer

Quelle: http://www.zinsen-berechnen.de/einkommensteuerrechner.php

In der nachfolgenden Tabelle finden Sie mit blauer Linie den prozentualen Steuersatz aufgetragen, der in Abhängigkeit des zu versteuernden Jahreseinkommens (auf der waagerechten X-Achse) anwächst. Auf der senkrechten Y-Achse (linker Grafikrand) sind die prozentualen Steuersätze und am rechten Grafikrand die Steuerbeträge in Euro zu den jeweiligen Jahreseinkommen aufgetragen.

Apropos Tabelle: Sie können alle hier vorgestellten Tabellen im Internet unter http://www.faszination-kosmetik.de zum Berechnen Ihrer eigenen Zahlen nutzen!

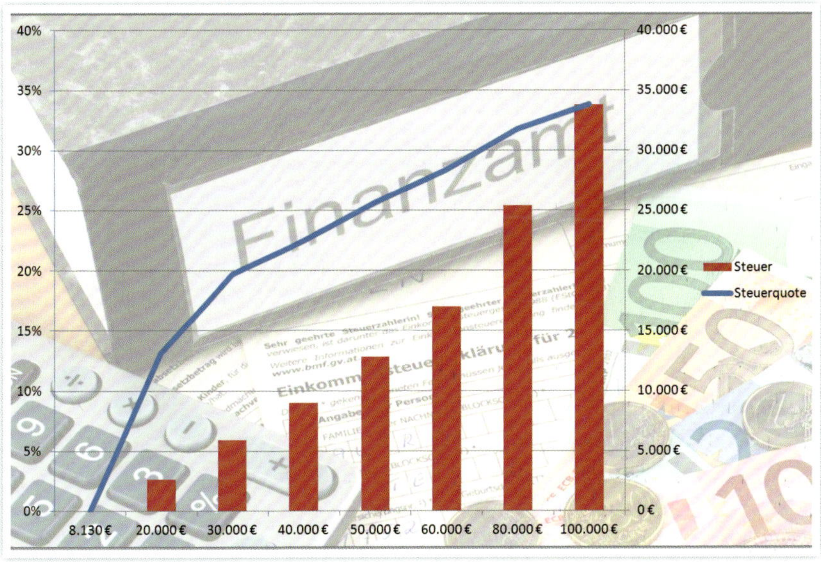

Noch eine Auskunft der Tabelle zu Ihrem privaten Finanzbedarf ist sehr interessant: Nimmt man dann noch Ihren zu erzielenden Bruttomonatslohn, also in unserem Beispiel die 3.505 Euro, und teilt diese Zahl durch die voraussichtliche Stundenzahl, die Sie im Monat im Institut arbeiten werden (wir gehen von 140 Stunden pro Monat aus), so erkennen Sie, dass Sie pro Stunde 25,04 Euro netto bzw. von Ihren Kunden brutto 29,79 Euro (inkl. MwSt.) pro Stunde berechnen und verdienen müssen. Diese Rechnung ist sehr vereinfacht. Das erkennen Sie sofort. Denn diese Tabelle berücksichtigt nicht mögliche Fehlzeiten, wie Weiterbildungsseminare. Auch geht diese Tabelle stillschweigend von einer hundertprozentigen Auslastung aus. Dennoch aber soll diese Kalkulationstabelle Ihnen einen wichtigen Grobüberblick über Möglichkeiten der Geschäftstätigkeit geben. Vielleicht hilft Ihnen diese Kalkulation bei der Festlegung möglicher unternehmerischer Strategien, wenn es beispielsweise um die Integration von Leistungsangeboten geht. So würden Sie sehr wahrscheinlich auf solche Behandlungen verzichten wollen, die von vorneherein keine Möglichkeit einer Honorierung von mindestens 30 Euro pro Stunde zzgl. Material- und Fixkosten bieten können.

Aber Achtung: Diese 30 Euro Mindestumsatz decken lediglich Ihren Unternehmerlohn! Die Fixkosten und Ihre Materialkosten müssen noch hinzu gerechnet werden!

Mit Hilfe dieses ermittelten Mindest-Brutto-Monatslohns (in unserem Beispiel 3.505 Euro) bzw. des Mindest-Brutto-Stundenlohns (in diesem Beispiel von runden 30 Euro) können wir nunmehr jedes Konzept im Vorfeld überprüfen, ob es erfolgreich – also auch die privaten Kosten und Notwendigkeiten abdecken kann.

Stellen Sie sich vor, Sie seien alleinerziehend. Sie möchten als Kosmetikerin Ihren Lebensunterhalt für Ihr Kind und sich erwirtschaften. Sie erkennen schnell, dass Sie durch den finanziellen Mehrbedarf von beispielsweise 500 Euro netto für den Kindesunterhalt und durch das steigende Bruttogehalt durch einen höheren Steuersatz (27,64 %), pro Stunde einen Mindestlohn von 37 Euro zu erwirtschaften hätten.

(Kinder)			500,00 €
...			
...			
...			
...			
Netto private Kosten			3.150,00 €
Einkommenssteuer	Steuersatz	28%	1.203,23 €
notwendiger Unternehmerlohn mtl.			4.353,00 €
notwenidger Std-Lohn bei mtl. Std-Zahl		140	31,09 €
	brutto Stundenlohn, incl. MwSt	19%	37,00 €

Wie ermitteln Sie Ihre Verdienstmöglichkeit?

Nachdem Sie nun wissen, was Sie an finanziellen Mitteln für sich privat benötigen, ist es jetzt mindestens genauso wichtig, zu schauen, woher der Lohn für Ihre Arbeit kommen soll oder kommen kann.

Ihr Unternehmerlohn ergibt sich, wenn Sie Einzelkämpferin sind, am leichtesten über eine einfache Gewinn-Verlust-Rechnung (abgekürzt: *GuV*).

Vereinfachte Gewinn-Verlust-Rechnung		
Behandlungstage pro Woche	5	
Behandlungen pro Tag	Anzahl	Preis
Gesicht	3	60,00 €
Nageldesign	1	35,00 €
Fusspflege	4	18,00 €
Anteil DL/VK-Umsatz in Prozent	60%	40%
	DL	VK
Anteil Kabinenware	15%	
Bruttoumsatzerlöse pro Monat, Dienstleistung (Behandlungen)		5.740,00 €
Bruttoumsatzerlöse "Gesicht" pro Monat, Warenverkauf		2.400,00 €
./. Enthaltene MwSt.	19%	- 1.299,66 €
./. Materialeinkauf (VK- und Kabi-Ware)	59,5%	- 1.923,53 €*
./. Fixkosten (siehe nachfolgende Seiten)		- 2.470,00 €
Nettogewinn vor Steuern pro Monat		2.446,81 €
effektive Arbeitszeit in Stunden pro Monat	140	17,48 €

***Paul Reinhold Linn:** Netto-Materialeinkauf für VK- und Kabi-Ware*

In diesem Verfahren werden von Ihren Umsatzerlösen, also Einnahmen durch Ihre Dienstleistungen und Ihren Warenverkauf, die Ausgaben, wie die Mehrwertsteuer (auch MwSt.), der Materialeinkauf und die Fixkosten, in Abzug gebracht.

Dieser kleine Kalkulator zeigt Ihnen nach Eingabe Ihrer Arbeitstage pro Woche in Ihrem Institut, und Eingabe der Anzahl der durchschnittlichen Behandlungen für Gesicht, Nageldesign und Fußpflege und dem Eintrag Ihrer Bruttoverkaufspreise den Bruttoumsatzerlös Dienstleistung an. Jetzt legen Sie noch zusätzlich das Verhältnis bzw. den Anteil Ihres Warenverkaufs (VK) bezogen auf die Umsätze Ihrer Dienstleistung (DL) der Gesichtspflegearbeiten – also Ihrer kosmetischen Behandlung – an. In unserem Beispiel sind das für die DL 60 % Umsatzanteil. Hieraus ergibt sich von selber, dass der Anteil für VK lediglich nur noch 40 % sein kann. Hieraus ergibt sich dann der Bruttoumsatzerlös für den Warenverkauf. Tragen Sie anschließend den prozentualen Anteil der Kabinenware am Kabinen- bzw. Dienstleistungsumsatz ein. Dieser Anteil ist wichtig, um dieser G&V-Rechnung die genauere Berechnung des Materialeinkaufes bzw. des Materialeinsatzes zu berechnen. Dieser liegt in aller Regel durchschnittlich etwa bei 15 %.

Als letzte Einstellung können Sie noch den prozentualen Anteil des Nettoeinkaufspreises an Ihrem Nettoumsatzerlös einstellen. Üblicherweise kaufen Sie ein Produkt z. B. für 50 Euro ein. Dieses Produkt bieten Sie nun normalerweise für 100 Euro dem Kunden an. Das nennt man die 100er Kalkulation. Wichtig ist aber hier, dass in ihrem Verkaufspreis die Mehrwertsteuer inklusive ist. Von 100 Euro Bruttoumsatz bleiben Ihnen 84,03 Euro netto. Ihr Einkaufspreis von 50 Euro netto macht somit einen prozentualen Anteil von 59,5 Prozent aus. Die Tabellenkalkulation zieht also vom Umsatz aus dem Warenverkauf erst die Mehrwertsteuer und dann die 59,5 Prozent Einkaufskondition ab.

Die letzte Position unserer vereinfachten Gewinn-Verlust-Rechnung betrifft die sogenannten Fixkosten, die wir gleich genauer besprechen werden.

Im Ergebnis zeigt diese beispielhafte Kalkulation nun an, dass nach der Ermittlung der Umsätze aus den Behandlungen und dem Warenverkauf und Abzug der Mehrwertsteuer, nach Abzug der Materialeinkaufskosten und den fixen Kosten, wie Miete, Strom und Telefon, zwar ein Gewinn vor Steuern von 2.447 Euro übrig bleibt, dennoch aber mindestens 1.000 Euro zu unserem Mindesteinkommen fehlen!

Vielleicht planen Sie um? Statt Nageldesign und Fußpflege schaffen Sie insgesamt sechs Gesichtsbehandlungen. Sie steigern leicht Ihren Verkaufsanteil auf 50/50 % (Dienstleistung/Verkauf).

Vereinfachte Gewinn-Verlust-Rechnung		
Behandlungstage pro Woche	**5**	
Behandlungen pro Tag	**Anzahl**	**Preis**
Gesicht	**6**	**60,00 €**
Nageldesign	**0**	**35,00 €**
Fusspflege	**0**	**18,00 €**
Anteil DL/VK-Umsatz in Prozent	**50%**	**50%**
	DL	**VK**
Anteil Kabinenware	**15%**	
Bruttoumsatzerlöse pro Monat, Dienstleistung (Behandlungen)		**7.200,00 €**
Bruttoumsatzerlöse "Gesicht" pro Monat, Warenverkauf		**7.200,00 €**
./. Enthaltene MwSt.	**19%**	- 2.299,16 €
./. Materialeinkauf (VK- und Kabi-Ware)	**59,5%**	- 4.507,56 €
./. Fixkosten (siehe nachfolgende Seiten)		- 2.470,00 €
Nettogewinn vor Steuern pro Monat		**5.123,28 €**
effektive Arbeitszeit in Stunden pro Monat	**140**	**36,59 €**

Und siehe da: Sie arbeiten etwas weniger und haben den doppelten Erfolg. Jetzt bleibt am Monatsende Gewinn über. Das schafft Unabhängigkeit.

Kennen Sie Ihre Fixkosten?

Der Ausgangspunkt einer jeden betriebswirtschaftlichen Betrachtung sind neben den Einnahmequellen und den Einnahmemöglichkeiten die festen Kosten, die fixen Kosten (oder Fixkosten), die nahezu unabhängig von Auslastung und Tätigkeit jeden Monat immer in gleicher Höhe geschäftlich (nicht privat!) anfallen und zu bezahlen sind.

Fixkosten	monatlich	
Miete	500,00 €	
Heizung	100,00 €	
Strom	70,00 €	
Wasser	30,00 €	
Versicherungen	100,00 €	
Wäsche	150,00 €	
Reinigung	200,00 €	
Büromaterial	50,00 €	
Wartung EDV	50,00 €	
Homepage	100,00 €	
Telefon/Internet	40,00 €	
Porto	50,00 €	
Deko/Blumen	100,00 €	
Werbung	400,00 €	
Buchführung	80,00 €	
Betriebliche Steuern	50,00 €	
Reparaturen	100,00 €	
Abschreibung	200,00 €	
Sonstiges	100,00 €	
GesamtFixKosten	2.470,00 €	mtl.
effektive Arbeitszeit mtl. Gesamt	140	Stunden
FixKosten pro Arbeitsstunde	17,64 €	pro Std.

Wenn Sie, wie in unserem Beispiel, alle Beträge in eine Tabelle einfügen, werden Sie staunen, was da jeden Monat zusammenkommt. Zwei Punkte bedürfen noch einer genaueren Klärung:

Die Miete fällt immer an

Die Miete sollten Sie auch dann einsetzen, wenn Sie in eigenen Räumen arbeiten. Dies ist deswegen wichtig, damit Sie später einerseits auf eine vernünftige Kalkulationsgrundlage zugreifen können, und andererseits sollte strategisch Ihre Selbstständigkeit nicht ausschließlich vom privaten Umfeld abhängig sein und werden. Dies hätte möglicherweise den dramatischen

Nachteil, dass, sobald Ihre privaten Umstände sich veränderten, Sie plötzlich mit Ihrer Kalkulation nicht mehr zurechtkommen könnten.

Denken Sie sich einmal, Sie stünden vor der Entscheidung, Ihr Institut in größere Räume zu verlegen. Und jetzt würden Sie zentrumsnah Ihr neues Institut planen. Statt der bisherigen 500 Euro stehen nunmehr 1.200 Euro als Miete an.
Mit einem Blick erkennen Sie dann, dass nach Eintrag der neuen Miete in die Tabelle der Fixkostenanteil plötzlich um fünf Euro pro Stunde ansteigt. ... Warum Fixkosten pro Stunde? Na, weil Sie diesen Betrag unbedingt in die Kalkulation miteinfließen lassen müssen. Sollten Sie dies aus welchem Grund auch immer übersehen, so zahlen Sie drauf.

Die Abschreibungen

Der zweite wichtige Aspekt ist die sogenannte Abschreibung. Das Thema Abschreibungen hat ein wenig Tücken, die wichtig zu verstehen sind.

Denken Sie sich eine Anschaffung eines Gerätes zur Microdermabrasion. Dieses Gerät kostet Sie beispielsweise 6.000 Euro netto. Bei Geräten geht man von einer Nutzungsdauer von fünf Jahren aus. Die Abschreibung bedeutet hier in diesem konkreten Fall, dass Sie einen Ausgleich für den stetigen Wertverlust Ihres Anlagevermögens von 100 Euro monatlich angerechnet bekommen. Dieser Betrag wird nicht versteuert und reduziert Ihre Steuerlast! Aber: Diesen Wertverlust haben Sie vorher ja bereits finanziert, und daher muss dieser Betrag mit in Ihre Fixkosten hineingerechnet werden!

Fest verbaute Einrichtungen, wie Theken, Schränke, Lampen etc., werden mit einer Nutzungsdauer von zehn Jahren sowie Ausstattungen, wie Behandlungsliegen oder Geräte, mit fünf Jahren und Computer als Beispiel

Hinweis: Die Abschreibungsfristen unterliegen regelmäßigen Änderungen. An dieser Stelle weisen wir darauf hin, dass hier keine steuerrechtliche Genauigkeit beansprucht werden kann. Genauere Auskünfte erhalten Sie bei Ihrem Steuerberater oder zuständigen Finanzamt!

nur mit drei Jahren in die sogenannte AfA eingerechnet. Die *AfA* steht für »Absetzung für Abnutzung« im Steuerrecht und beschreibt nur mit anderen Worten die Abschreibung, die wir hier besprechen.

Abschreibungen					
Gegenstand	**Anschaffungs-kosten netto**	**Nutzungs-dauer**	**AfA mtl.**	**Nutzung in Stunden**	**Fixkosten pro Stunde**
Ladenbau	10.000,00 €	10	83,33 €	140	0,60 €
Geräte	6.000,00 €	5	100,00 €	140	0,71 €
Einrichtung	2.000,00 €	10	16,67 €	140	0,12 €
Computer	1.000,00 €	3	27,78 €	140	0,20 €
...					
Fixkosten		**Monatlich**	**227,78 €**	**pro Stunde**	**1,63 €**

Folglich müssen Sie, um dieses Microdermabrasionsgerät dauerhaft betreiben zu können, tatsächlich 100 Euro monatlich bzw. pro produktive Stunde 0,71 Euro in die Kalkulation als Fixkosten hineinrechnen.

Achtung: Diese Fixkosten pro Stunde sind nicht gleich der tatsächlichen Behandlungskosten! Fixkosten sind die Kosten, die unabhängig von Auslastung des Gerätes jeden Monat (bzw. jede Stunde) in gleicher Höhe anfallen!

Die Kosten pro Behandlung ergeben sich aus der monatlichen Abschreibungsrate dividiert durch die durchschnittliche Anzahl der Behandlungen pro Monat. Aber das besprechen wir ein wenig später, wenn wir die Personalkosten komplett übersehen können.

Effektive Arbeitszeit

Zur Berechnung der effektiven Arbeitszeit haben wir uns eine kleine Tabelle erstellt, die über die Eingabe möglicher Parameter, wie Behandlungstage pro Woche, Feier- und Urlaubstage sowie einen gemittelten Wert an Krankheitstagen, und die Eingaben für die Arbeitszeit pro Tag und die Mitarbeiterzahl (inkl. der Chefin) dann eine effektive Stundenzahl und die effektiven Arbeitstage pro

Monat ausweist. *Effektiv* bedeutet hier, dass diese Stundenzahl bzw. diese Anzahl der Arbeitstage die maximale verkaufbare Arbeitszeit (bereinigt um Feiertag, Urlaub- und Krankheitsausfall) in Ihrem Institut ist.

Netto Arbeitstage			
Tage im Jahr		365	Tage
Behandlunsgtage pro Woche	5		Tage
./. Wochenendtage	abzüglich	105	Tage
./. Feiertage	abzüglich	13	Tage
./. Urlaubstage	abzüglich	25	Tage
./. Krankheitstage	abzüglich	12	Tage
effektive Arbeitstage		**210**	Tage p.a.
effektive Arbeitstage pro Monat		17,5	Tage mtl.
Arbeitsstunden pro Tag		8	Stunden
effektive Arbeitszeit p.a.		1680	Stunden
effektive Arbeitszeit mtl.		140,0	Stunden
Anzahl Mitarbeiter produktiv (incl. Chefin)		1	Mitarbeiter
effektive Arbeitszeit mtl. Gesamt		**140,0**	Stunden

Rentabilitätsberechnung

Nachdem wir nun Ihre eigenen Personalkosten und die Fixkosten kennen, können wir die sogenannte Rentabilität unserer Behandlungsangebote genauer unter die Lupe nehmen. Nehmen wir hierzu einen Klassiker, die einstündige Gesichtsbehandlung.

Rentabilität am Beispiel Gesichtspflege		
Mein Preis (brutto)		60,00 €
Behandlungsdauer in Minuten		55
Buchungsintervall		60
MwSt-Satz		19%
Umsatz netto pro Behandlung		50,42 €
Umsatz pro Stunde		50,42 €
Fixkosten pro Monat	2.470,00 €	
Personalkosten/Unternehmerlohn pro Monat	3.505,00 €	
effektive Arbeitszeit (in Std.) pro Monat	140	
./. Fixkosten pro Stunde	17,64 €	17,64 €
./. Personalkosten pro Std.	25,04 €	25,04 €
./. Materialkosten (variable Kosten)	15%	7,56 €
Kosten netto		50,24 €
Gewinn/Verlust		0,18 €
* bei kalkuliertem Unternehmerlohn!		
Break-Even-Preis (Verkaufspreis inkl. MwSt)		**59,79 €**

Wir legen nun den Preis fest. Sie kennen die Faustregel in Sachen kosmetische Behandlung:

Pro 1 Minute Behandlung (Intervall) 1,00 Euro Umsatz! –
60 Minuten = 60 Euro (brutto) zzgl. Materialkosten

Die Behandlungszeit ist mit 55 Minuten gewählt und das Behandlungsintervall beträgt in unserem Beispiel eine Stunde. Achtung: Das Intervall ist für die Kalkulation bzw. für die Rentabilitätsberechnung wichtiger als die eigentliche Behandlungszeit!

Die Tabellenkalkulation rechnet jetzt für das Intervall den entsprechenden Nettoumsatz aus. Die Fixkosten, die wir weiter oben berechnet haben, übernehmen wir und diese werden hier pro Stunde bzw. auf die Minute genau für das Behandlungsintervall herunter berechnet. Ebenfalls werden die Lohnkosten (aus der ersten Tabelle zum privaten Kapitalbedarf) übernommen und auf das Intervall genau berechnet. (In diesem einfachen Beispiel entsprechen die 60 Minuten logischerweise genau dem Stundensatz in Lohn- und Fixkosten.)

Die Materialkosten werden vom Bruttoumsatz mit der eingestellten Quote hochgerechnet. Anschließend werden die Kosten addiert und als Gesamtsumme von dem Nettoumsatz in Abzug gebracht. Es verbleibt ein Gewinn nach Auszahlung des Unternehmerlohns in Höhe von 0,18 Euro in dieser Stunde.

Zugegeben, das ist nicht viel, aber mindestens kostendeckend. In der letzten Zeile wird der sogenannte »Break-even-Preis« ermittelt. Dieser Preis ist der Bruttoumsatzerlös, den wir brauchen, um die Behandlung kostendeckend incl. dem Verdienst für die Kosmetikerin durchführen zu können. Also in unserem konkreten Fall wären zusätzliche Gewinne (neben dem Gehalt für die Kosmetikerin) erst ab dem Bruttopreis (inkl. MwSt.) von 59,79 Euro möglich. Sie können bereits an dieser Stelle absehen, dass Sie alleine mit der Behandlung (Dienstleistung) nur schwerlich über eine Kostendeckung hinaus kommen. Der Verkauf – das werden wir noch sehen – ist sehr viel ertragsreicher.

In der nachfolgenden Tabelle ist einmal die Situation der Fußpflege bei dieser Musterkosmetikerin auf Rentabilität überprüft worden. Zugrunde gelegt wird ein Behandlungspreis von 23 Euro für 45 Minuten Behandlung.

Apropos Preisgefüge Fußpflege: Meine Frau brachte jüngst eine neue Preisvariante mit. Die normale Fußpflege kostet zehn Euro, wenn die Nägel lackiert werden sollen, so kostet die Fußpflege dann zwei Euro mehr!

Das Buchungsintervall stellen wir auf 60 Minuten, weil nach einer Fußpflege der Arbeitsplatz gereinigt und die kommende Behandlung vorbereitet werden muss. Der Nettoumsatz beträgt nach Abzug der Mehrwertsteuer nur noch 19,33 Euro. Sie sehen schon, dass die Lohn- und Fixkosten, weil sie direkt vom Intervall abhängen, sich nicht verändern. Werden die Materialkosten hochgerechnet und mit den Fix- und Personalkosten addiert, so sehen Sie, dass Sie eine Fußpflege unter dem Nettobetrag von 43,67 Euro gar nicht durchführen können! Zuzüglich Mehrwertsteuer müssen Sie, damit Sie keine Verluste mit dieser Behandlung erwirtschaften, den eben beschriebenen Break-even-Preis in Höhe von 51,97 Euro berechnen!

Rentabilität am Beispiel Fusspflege		
Mein Preis (brutto)		23,00 €
Behandlungsdauer in Minuten		45
Buchungsintervall		60
MwSt-Satz		19%
Umsatz netto pro Behandlung		19,33 €
Umsatz pro Stunde		19,33 €
Fixkosten pro Monat	2.470,00 €	
Personalkosten/Unternehmerlohn pro Monat	3.505,00 €	
effektive Arbeitszeit (in Std.) pro Monat	140	
./. Fixkosten pro Stunde	17,64 €	17,64 €
./. Personalkosten pro Std.	25,04 €	25,04 €
./. Materialkosten (variable Kosten)	5%	1,00 €
Kosten netto pro Stunde		43,67 €
Gewinn/Verlust pro Stunde*		- 24,35 €
* bei kalkuliertem Unternehmerlohn!		
Break-Even-Preis (Verkaufspreis inkl. MwSt)		**51,97 €**

Selbst wenn Sie das Intervall auf die 45 Minuten takten könnten (siehe nächste Grafik), läge der Break-even-Preis immer noch bei 39,28 Euro brutto für eine Fußpflege.

Rentabilität am Beispiel Fusspflege		
Mein Preis (brutto)		23,00 €
Behandlungsdauer in Minuten		45
Buchungsintervall		45
MwSt-Satz		19%
Umsatz netto pro Behandlung		19,33 €
Umsatz pro Stunde		25,77 €
Fixkosten pro Monat	2.470,00 €	
Personalkosten/Unternehmerlohn pro Monat	3.505,00 €	
effektive Arbeitszeit (in Std.) pro Monat	140	
./. Fixkosten pro Stunde	17,64 €	13,23 €
./. Personalkosten pro Std.	25,04 €	18,78 €
./. Materialkosten (variable Kosten)	5%	1,00 €
Kosten netto pro Stunde		33,00 €
Gewinn/Verlust pro Stunde*		- 7,23 €
* bei kalkuliertem Unternehmerlohn!		
Break-Even-Preis (Verkaufspreis inkl. MwSt)		**39,28 €**

Ich will hier nicht die Fußpflege schlecht machen, dennoch müssen wir hier genauestens hinschauen. Wir legen pro Fußpflege bei einem Zeitintervall von 60 Minuten mehr als 23 Euro netto drauf. Oder bildreicher gesprochen: Die Kundin lässt sich bei Ihnen behandeln, und an der Kasse zahlt Ihre Kundin 23 Euro brutto und Sie legen aus Ihrem Portemonnaie nochmals 23 Euro netto mit in die Kasse hinein.

Ein letztes Beispiel möchte ich Ihnen noch zeigen:

Als Spezialistin für Hautverjüngungsmaßnahmen behandeln Sie 90 Minuten lang und takten nach zehn Minuten Pause die nächste Behandlung. Neben dem einen Euro pro Minute rechnen Sie klugerweise direkt die Materialkosten sofort auf den Behandlungspreis mit ein. ... Und siehe da, es bleibt etwas übrig.

Rentabilität am Beispiel Dermokosmetik		
Mein Preis (brutto)		103,50 €
Behandlungsdauer in Minuten		90
Buchungsintervall		100
MwSt-Satz		19%
Umsatz netto pro Behandlung		86,97 €
Umsatz pro Stunde		52,18 €
Fixkosten pro Monat	2.470,00 €	
Personalkosten/Unternehmerlohn pro Monat	3.505,00 €	
effektive Arbeitszeit (in Std.) pro Monat	140	
./. Fixkosten pro Stunde	17,64 €	29,40 €
./. Personalkosten pro Std.	25,04 €	41,73 €
./. Materialkosten (variable Kosten)	15%	13,05 €
Kosten netto		84,18 €
Gewinn/Verlust		2,80 €
* bei kalkuliertem Unternehmerlohn!		
Break-Even-Preis (Verkaufspreis inkl. MwSt)		**100,17 €**

Um ein deutliches Plus in der Gewinnsituation zu erzielen, gibt es die übliche Empfehlung, die Personalkosten zu senken, was aber in unserem Falle unsinnig ist. Auch könnten wir durch einen günstigeren Einkauf von Verbrauchsmaterial sparen; aber auch das macht bei uns keinen Sinn, zumal unsere Kundinnen nicht über den Preis, sondern über Luxus- und Spezialangebote (Konzepte) zu gewinnen sind.

Ganz sicher ist es sinnvoll, die Behandlungspreise zu überprüfen und ggf. nachzukalkulieren.

In dieser Rentabilitätsrechnung werden ja nur die Behandlung und der Umsatzerfolg aus der Behandlung betrachtet.

Die Ergebnisse der Berechnungen lassen aber auf jeden Fall die unbedingte Notwendigkeit erkennen, durch Zusatzverkauf die Gewinnsituation anzukurbeln.

Rentabilität am Beispiel Verkaufsgespräch		
Mein Preis (brutto)		60,00 €
Behandlungsdauer in Minuten		20
Buchungsintervall		20
MwSt-Satz		19%
Umsatz netto pro Behandlung		50,42 €
Umsatz pro Stunde		151,26 €
Fixkosten pro Monat	2.470,00 €	
Personalkosten/Unternehmerlohn pro Monat	3.505,00 €	
effektive Arbeitszeit (in Std.) pro Monat	140	
./. Fixkosten pro Stunde	17,64 €	5,88 €
./. Personalkosten pro Std.	25,04 €	8,35 €
./. Materialkosten (variable Kosten)	60%	30,00 €
Kosten netto		44,23 €
Gewinn/Verlust		6,19 €
* bei kalkuliertem Unternehmerlohn!		
Break-Even-Preis (Verkaufspreis inkl. MwSt)		**52,63 €**

Hier sehen Sie am Beispiel eines 20-minütigen Verkaufsgespräch und einem Umsatz von 60 Euro brutto, dass die Rentabilität 2 ½ mal größer ist, als beim besten Beispiel der Dermokosmetik.

Behandlungspreise richtig kalkulieren

Eine Kosmetikerin in Köln möchte eine anderthalbstündige dermokosmetische Behandlung (inkl. Microdermabrasion) anbieten. Sie arbeitet an fünf Tagen in der Woche, von 9:30 Uhr bis 17:30 Uhr. Die Kosmetikerin arbeitet alleine im Institut. Ihre Fixkosten haben wir bereits mit dem Betrag von 17,64 pro Stunde ermittelt. Da sie alleine arbeitet, sind ihre Personalkosten als Gewinnerwartung pro Stunde mit 25,04 Euro kalkuliert.

Behandlunsgpreise				
Behandlungsdauer		Minuten	45	90
Buchungsintervall		Minuten	60	120
		pro Stunde		
Fixkosten		17,64 €	17,64 €	35,28 €
Personalkosten/Unternehmerlohn		25,04 €	25,04 €	50,08 €
Materialkosten bzw. Wareneinsatz		5,50 €	5,50 €	11,00 €
Neuanschaffung		4,80 €	4,80 €	9,60 €
Nettokosten		52,98 €	52,98 €	105,96 €
MwSt.	19%	10,07 €	10,07 €	20,13 €
Behandlungspreis		63,05 €	63,05 €	126,09 €

Nachdem wir eben bereits die wichtigen Zahlen, wie Fixkosten und Materialkosten ermittelt haben, tragen wir diese in die Tabellenkalkulation in die erste gelbe Spalte ein.

Besprechen müssen wir noch die sogenannte »Neuanschaffung«. Diese Kosmetikerin in unserem Beispiel benötigt für ihre Behandlungen ein Microdermabrasionsgerät. Hierfür hat sie 7.200 Euro bezahlt. Pro Monat muss sie für die Neuanschaffung dieses Gerätes, welches auf fünf Jahre Nutzungsdauer kalkuliert ist, 7.200 Euro/60 Monate rechnen. Das macht 120 Euro. Dieses Gerät möchte sie im Monat 25 Stunden im Einsatz haben. Macht pro Stunde folglich 4,80 Euro, die wir in unsere Tabelle eintragen.
Wahrscheinlich bemerken Sie hier ein kleineres Dilemma. Bei dieser Kalkulation des Behandlungspreises können wir den zu erwartenden Einsatz dieses Microdermabrasionsgerät nur schätzen. Dieses Problem werden Sie immer

bei neuen Behandlungskonzepten mit Geräteeinsatz haben.

In unserem Beispiel gehen wir von 25 Behandlungen im Monat aus. Stellen Sie sich vor, dass die Kosmetikerin dieses Gerät im Durchschnitt nur 20-mal oder noch weniger im Monat zum Einsatz bringt. Ist das der Fall, so müsste die Kosmetikerin tatsächlich nachkalkulieren! Der Kostenanteil des Gerätes würde sich bei 20 Behandlungen bereits um 1,20 Euro erhöhen.

In unserem Beispiel nun gehen wir in die Spalte »90« Minuten. Wichtig: Achten Sie auf Ihr Behandlungsintervall von 120 Minuten! Und siehe da: Die Behandlung sollte bei einer gesunden Kalkulation 126 Euro kosten. Ein schöner psychologischer Preis wäre hier 129 Euro. ... Und was ist mit der Faustformel: ein Euro pro Minute? Die Formel hat nach wie vor ihre Gültigkeit. Denn was hier noch zu Buche schlägt, sind die 15 Prozent Materialkosten, die noch hinzugerechnet werden müssen. Dann passt es wieder.

Wenn Sie die vorherige Tabelle einmal genau betrachten, dann fällt Ihnen auf, dass Sie nur eine einzige Möglichkeit haben, den Behandlungspreis nach unten zu korrigieren. Sie verzichten ganz oder teilweise auf Ihr Gehalt bzw. auf Ihren Gewinn. Damit will ich deutlich machen, dass immer dann, wenn Sie sich *nicht* an eine ordentliche Kalkulation halten, Sie draufzahlen!

Noch einmal möchte ich, jetzt aber aus Sicht der ordentlichen Kalkulation für den Behandlungspreis, auf die Fußpflege zurückkommen.

Wenn Sie, wie Sie in der voranstehenden Tabelle erkennen können, mit einer normalen Kalkulation Fußpflege anbieten möchten, so benötigen Sie einen Preis von 39 Euro. Die Fixkosten haben Sie unabhängig Ihrer Tätigkeit und Ihren Lohn und müssen Sie auch ansetzen. Als Materialkosten haben wir großzügig nur einen Euro angesetzt. Dieses Beispiel geht davon aus, dass Sie in Windeseile auf die nächste Kundin umwechseln können.

Würden Sie aber das Intervall auf 60 Minuten setzen, dann erkennen Sie sofort, dass mit knapp 52 Euro Ihr Angebot zur Durchsetzung auf dem Markt eher ungeeignet scheint. Selbst wenn Sie jetzt noch aus reiner

Menschenfreundlichkeit auf Ihren Lohn verzichten wollten, so müssen Sie immer noch 27 Euro verlangen, um wenigstens Ihre Kosten zu decken.

Die meisten scheuen die Betriebswirtschaft nicht, weil sie zu kompliziert wäre. Die meisten scheuen dieses Thema wegen seiner so deutlichen Sprache. Keine Frage: Geld einzunehmen ist etwas Wunderbares. Die Betriebswirtschaft hilft aber eben auch, zu erkennen, ab welcher Größenordnung von Betriebskosten in Relation zu den Einnahmen sich ein Geschäft rechnet – oder eben nicht.

Behandlunsgpreise				
Behandlungsdauer		Minuten	45	45
Buchungsintervall		Minuten	45	60
		pro Stunde		
Fixkosten		17,64 €	13,23 €	17,64 €
Personalkosten/Unternehmerlohn		25,04 €	18,78 €	25,04 €
Materialkosten bzw. Wareneinsatz		1,00 €	0,75 €	1,00 €
Neuanschaffung		- €	- €	- €
Nettokosten		43,68 €	32,76 €	43,68 €
MwSt.	19%	8,30 €	6,22 €	8,30 €
Behandlungspreis		51,98 €	38,98 €	51,98 €

»Rabatt, Rabatt, das lasst Euch sagen ... «

» ... wird vorher immer drauf geschlagen ... «, so beginnt ein Gedicht von Wilhelm Busch (1832–1908). Und Sie glauben es nicht, wie aktuell diese Aussage heute ist. In Zeiten gigantischer Rabattaktionen an allen Ecken im Einzelhandel kommen immer mehr Verbraucher zu der kritischen Erkenntnis, dass da etwas nicht stimmen kann. Mindestens hinterlassen solche Angebote ein schales Gefühl. Das Vertrauen schwindet.

Jetzt haben wir das wundervolle Glück, dass keine Kundin bei uns über den Preis wirklich einkaufen möchte. Rabatte im Luxusgüterbereich sind aus meiner Sicht ein kompletter Widerspruch! Denn wenn Luxusgüter verbilligt werden, dann sind sie kein Luxus mehr, oder? Oder noch anders: Würden Sie als Kundin Kosmetik über den Preis genießen und einkaufen? Würden Sie zu einer Kollegin gehen, nur weil die billig ist? Würden Sie ein Produkt kaufen, nur weil es billiger ist als andere Produkte?

In der nachfolgenden Tabelle können Sie erkennen, was passiert, wenn Sie nur ein wenig an der Rabattschraube drehen:

Rabattrechner

Produkt: Tagescreme

Rabatt		Ohne Rabatt	Rabatte 5%	10%	20%	25%	30%	40%
Verkaufspreis brutto		98,00 €	98,00 €	98,00 €	98,00 €	98,00 €	98,00 €	98,00 €
./. Rabatt brutto			4,90 €	9,80 €	19,60 €	24,50 €	29,40 €	39,20 €
Verkaufspreis Neu			**93,10 €**	**88,20 €**	**78,40 €**	**73,50 €**	**68,60 €**	**58,80 €**
./. MwSt.	19%	15,65 €	14,86 €	14,08 €	12,52 €	11,74 €	10,95 €	9,39 €
Verkaufspreis netto		82,35 €	78,24 €	74,12 €	65,88 €	61,76 €	57,65 €	49,41 €
Einkaufspreis netto		49,00 €	49,00 €	49,00 €	49,00 €	49,00 €	49,00 €	49,00 €
Gewinn		33,35 €	29,24 €	25,12 €	16,88 €	12,76 €	8,65 €	0,41 €
Gewinnveränderung			**-12%**	**-25%**	**-49%**	**-62%**	**-74%**	**-99%**

Geben Sie im ersten Feld den üblichen Verkaufspreis und im letzten Feld in der gleichen Spalte den Nettoeinkaufspreis ein. Zugrunde gelegt ist hier immer wieder die sogenannte 100er Kalkulation. Diese bedeutet, dass Sie den Nettoeinkaufspreis mit 100 Prozent Aufschlag versehen und somit den Bruttoverkaufspreis (inkl. MwSt.) ermittelt haben.

Und jetzt schauen Sie durch die einzelnen Rabattstaffeln in den jeweiligen Spalten. So wirkt sich beispielsweise ein Preisnachlass von zehn Prozent auf den Bruttopreis bei Ihnen in der Kasse bzw. in der Bilanz um 25 Prozent gewinnschmälernd aus. Ein 20-prozentiger Nachlass verdoppelt Ihren Gewinnabzug.

Rabatte sind teuer! In der Kosmetik gibt es keinen Grund hierfür.

Übrigens: Diese Tabelle mit ihrem Vergleich zwischen Rabattstaffel und Gewinnveränderung ist logischerweise immer prozentual gleich. Es ist völlig unabhängig, welchen Betrag Sie nehmen, 20 Prozent Nachlass kosten Sie immer die Hälfte des Gewinns!

Und wie geht das Gedicht von Wilhelm Busch weiter?

... »Wer Qualität und Leistung will, der denke nach
und entscheidet dann auch klüger.
Denn er weiß, Rabatte gewähren nur Betrüger!«

Personalkosten und die Frage: Soll ich, oder soll ich nicht?

Irgendwann kommt jede selbstständige Kosmetikerin an den Punkt, sich die Frage zu stellen, ob sich eine weitere Arbeitskraft in Ihrem Institut lohnt oder nicht. Ganz sicher macht es keinen Sinn, wenn aus der vorherigen hundertprozentigen Auslastung einer Person nunmehr zweimal 50 Prozent herauskommen. Ziel einer solchen Einstellung kann ja nur sein, dass Sie mittels Verstärkung des Teams auch einen Erfolgszuwachs generieren können.

Die übliche Faustformel zur Wirtschaftlichkeitsberechnung einer Mitarbeiterin

Wenn Sie einen realistischen Wert für den zu erreichenden Umsatzerfolg berechnen wollen, sollten wir als Erstes in die erste Zeile (graue Zeile) dieser

Tabelle das Bruttomonatsgehalt Ihrer Mitarbeiterin festlegen. Wir gehen hier von einem mittleren Wert von 1.700 Euro pro Monat aus.
Anfang der zweiten Zeile setzen wir ebenfalls einen prozentualen Satz von 20 Prozent Arbeitgeberanteil der Sozialabgaben mit ein.

Mitarbeiter-Zielumsatz (einzeln)		
Bruttolohn		1.700,00 €
Sozialabgaben	20%	340,00 €
zusätzliche Fixkosten für MA	400,00 €	400,00 €
Gesamtkosten MA		2.440,00 €
Personalkosten pro Std. bei mtl.	140	17,43 €
Zielfaktor Umsatz	3	
Umsatzziel monatlich brutto		5.100,00 €
enthaltene MwSt.	19%	- 814,29 €
Umsatzziel monatlich netto		4.285,71 €
Materialeinsatzquote	33%	
Materialeinsatz		- 1.414,29 €
Gesamtkosten MA		- 2.440,00 €
Deckungsbeitrag pro Monat		431,43 €
effektive Arbeitszeit mtl./Tage	17,5	
Brutto Umsatzziel, pro Tag		291,43 €
DB pro Tag		24,65 €

Anschließend geben Sie bitte in die nächste Zeile die zusätzlich entstehenden Fixkosten pro Monat für den weiteren Arbeitsplatz ein. Das sind vor allem Raum- und Abschreibungskosten bzw. die Kosten für die Wiederanschaffung der Gerätschaften für den weiteren Arbeitsplatz.

Warum *Faustformel*? Sie sehen in der sechsten Zeile einen Zielfaktor Umsatz, der üblicherweise auf dreifach gerechnet wird. Dies bedeutet, dass der Bruttolohn (ohne Sozialabgaben und ohne Fixkostenanteil) in der Regel immer mit drei multipliziert wird, um den nötigen Bruttoumsatz pro Mitarbeiterin hochzurechnen: 1.700 Euro mit Faktor 3 multipliziert, macht 5.100 Euro brutto Zielumsatz pro Monat. (Achtung: Brutto bedeutet hier, dass noch die abzuführende Mehrwertsteuer im Umsatz enthalten ist und abgezogen werden muss!)

Jetzt ist aber der Umsatz nicht die entscheidende Größe – viel wichtiger bei der Betrachtung des Erfolges ist der sogenannte *Deckungsbeitrag*! Ein Deckungsbeitrag ist der Betrag, der übrig bleibt, wenn man den Bruttoumsatz abzüglich der enthaltenen Mehrwertsteuer, abzüglich der sogenannten Herstellungskosten (wie Materialeinsatz und Personalkosten) ermittelt. Also konkret zu unserem Beispiel: Wir nehmen die Spalte und errechnen mit den

1.700 Euro Bruttolohn der Mitarbeiterin und dem Zielfaktor einen Sollumsatz der Mitarbeiterin in Höhe von 5.100 Euro monatlich.

Nach Abzug der Mehrwertsteuer bleiben dann noch 4.285,71 Euro Nettoumsatz übrig. In unserem Beispiel gehen wir von einem Materialeinsatz, auch Wareneinsatz, in Höhe von 33 Prozent aus, den wir auch noch in Abzug bringen müssen. Ganz zum Schluss ziehen wir noch die Personalkosten und die Fixkosten für den Mitarbeiter ab, und wir haben soeben den Deckungsbeitrag pro Monat, in unserem Beispiel also 431,43 Euro Gewinn vor Steuern, ermittelt.

Nehmen Sie zum Schluss noch die effektiv zur Verfügung stehenden Arbeitstage pro Monat hinzu – in unserem Beispiel von weiter oben sind es 17,5 Tage im Monat – dann ergibt sich für diese Mitarbeiterin eine Umsatzvorgabe von runden 300 Euro brutto pro Tag, um die eigenen Kosten und Ihnen einen kleinen Gewinn von 431,43 Euro pro Monat zu erwirtschaften.

Jetzt wird es noch besser: Denken Sie sich einmal, dass eine Top-Kosmetikerin in Ihr Team wollte. Diese Top-Kosmetikerin möchte aber auch ein Top-Gehalt verdienen. In der nachfolgenden Tabelle erkennen Sie, wie sich bei steigendem Gehalt (rote Zeile) bzw. bei steigenden Personalkosten die Ergebnisse im Deckungsbeitrag nur sehr geringfügig verändern; vorausgesetzt, die Kosmetikerin hält Ihre Zielvorgaben (3-fach Bruttogehalt = Umsatzvorgabe pro Monat) für die Tagesumsätze ein!

Mitarbeiter-Zielumsatz (einzeln)							
Bruttolohn		1.700,00 €	1.900,00 €	2.100,00 €	2.300,00 €	2.500,00 €	2.700,00 €
Sozialabgaben	20%	340,00 €	380,00 €	420,00 €	460,00 €	500,00 €	540,00 €
zusätzliche Fixkosten für MA	400,00 €	400,00 €	400,00 €	400,00 €	400,00 €	400,00 €	400,00 €
Gesamtkosten MA		2.440,00 €	2.680,00 €	2.920,00 €	3.160,00 €	3.400,00 €	3.640,00 €
Personalkosten pro Std. bei mtl.	140	17,43 €	19,14 €	20,86 €	22,57 €	24,29 €	26,00 €
Zielfaktor Umsatz	3						
Umsatz brutto		5.100,00 €	5.700,00 €	6.300,00 €	6.900,00 €	7.500,00 €	8.100,00 €
enthaltene MwSt.	19%	814,29 €	910,08 €	1.005,88 €	1.101,68 €	1.197,48 €	1.293,28 €
Umsatz netto		4.285,71 €	4.789,92 €	5.294,12 €	5.798,32 €	6.302,52 €	6.806,72 €
Materialeinsatzquote	33%						
Materialeinsatz		- 1.414,29 €	- 1.580,67 €	- 1.747,06 €	- 1.913,45 €	- 2.079,83 €	- 2.246,22 €
Gesamtkosten MA		- 2.440,00 €	- 2.680,00 €	- 2.920,00 €	- 3.160,00 €	- 3.400,00 €	- 3.640,00 €
Deckungsbeitrag pro Monat		431,43 €	529,24 €	627,06 €	724,87 €	822,69 €	920,50 €
effektive Arbeitszeit mtl./Tage	17,5						
Brutto Umsatzziel, pro Tag		291,43 €	325,71 €	360,00 €	394,29 €	428,57 €	462,86 €
DB pro Tag		24,65 €	30,24 €	35,83 €	41,42 €	47,01 €	52,60 €

Umsatzzielvorgaben haben den unschlagbaren Vorteil: Sie können die Einhaltung dieser Vorgaben sehr leicht überprüfen!

Die perfekte Zielvorgabe für den Mitarbeiterumsatz

Mit der nachfolgenden Tabelle können Sie nicht nur ermitteln, wie groß das Umsatzpotential einer (neuen) Mitarbeiterin gemessen an der durchschnittlichen Tagesleistung ist, sondern auch ermitteln, welche Umsätze pro Tag die Mitarbeiterin zu erbringen hat. Nach Abzug der Lohn- und Lohnnebenkosten, sowie den mitarbeiterspezifischen Fixkosten erkennen Sie mit einem Blick, was Ihnen als Gewinn am Ende übrig bleibt.

Vereinfachte Gewinn-Verlust-Rechnung - Mitarbeiterlohn		
Behandlungstage pro Monat	17,5	
Behandlungen pro Tag	Anzahl	Preis
Gesicht	4	60,00 €
Nageldesign	0	35,00 €
Fusspflege	4	30,00 €
Anteil DL/VK-Umsatz in Prozent	60%	40%
	DL	VK
Anteil Kabinenware	15%	
Bruttoumsatzerlöse pro Monat, Behandlungen (DL)		6.300,00 €
Bruttoumsatzerlöse "Gesicht" pro Monat, Warenverkauf		2.800,00 €
Gesamtumsatz brutto		9.100,00 €
./. Enthaltene MwSt.	19%	- 1.452,94 €
./. Materialeinkauf (VK- und Kabi-Ware)	59,5%	- 2.194,12 €
Deckungsbeitrag 1 pro Monat		5.452,94 €
Bruttogehalt	3.000,00 €	- 3.000,00 €
Sozialabgaben	20%	- 600,00 €
zusätzliche Fixkosten für MA	400,00 €	- 400,00 €
Deckungsbeitrag 2 pro Monat		1.452,94 €
Brutto Umsatzziel pro Tag Gesamt		520,00 €
Brutto Umsatzziel pro Tag Behandlungen (DL)		360,00 €
Brutto Umsatzziel pro Tag Verkauf (VK)		160,00 €

Sie sehen hier sehr deutlich, dass ein Tagesumsatz in Höhe von 360 Euro bei 8 Behandlungen und ein Umsatz im Warenverkauf von 160 Euro tatsächlich kein Hexenwerk ist. Und beide, Sie und Ihre Mitarbeiterin haben dabei ein sehr gutes Auskommen! Hieraus leitet sich noch die Erkenntnis ab, dass die Entwicklung von Mitarbeitern (auch zu besseren Verkäuferpersönlichkeiten) immer lohnt. Das ist längst keine Utopie mehr, das bestätigen viele Erfahrungen.

Provisionen für Kosmetikerinnen

Es gilt tatsächlich eine alte Regel: Nichts ist motivierender im Verkauf als die direkte Beteiligung am Erfolg – die Provision. Die nachfolgende Tabelle sieht auf den ersten Blick komplizierter aus, als sie in Wirklichkeit ist:

Mitarbeiter-Zielumsatz (einzeln)						
Behandlungstage pro Monat	17,5	Anzahl Behandlungen pro Arbeitstag				
Umsatz Gesichtsbehandlung	60,00 €	2	2	3	4	4
Umsatz Nageldesign	35,00 €	1	2	2	1	0
Umsatz Fusspflege	30,00 €	2	1	1	1	4
Anteil DL-Umsatz in Prozent		70%	65%	60%	55%	50%
Anteil VK-Umsatz in Prozent		30%	35%	40%	45%	50%
Anteil Kabinenware	15%					
Bruttoumsatzerlös pro Monat, alle Behandlungen (DL)		3.762,50 €	3.850,00 €	4.900,00 €	5.337,50 €	6.300,00 €
Bruttoumsatzerlöse "Gesicht" pro Monat, Warenverkauf		900,00 €	1.130,77 €	2.100,00 €	3.436,36 €	4.200,00 €
Gesamtumsatz brutto		4.662,50 €	4.980,77 €	7.000,00 €	8.773,86 €	10.500,00 €
./. Enthaltene MwSt.	19%	- 744,43 €	- 795,25 €	- 1.117,65 €	- 1.400,87 €	- 1.676,47 €
./. Materialeinkauf (VK- und Kabi-Ware)	59,5%	- 924,26 €	- 1.050,68 €	- 1.667,65 €	- 2.390,98 €	- 2.894,12 €
Deckungsbeitrag 1 pro Monat		2.993,80 €	3.134,84 €	4.214,71 €	4.982,02 €	5.929,41 €
Bruttolohn (Fixum)	1.700,00 €	1.700,00 €	1.700,00 €	1.700,00 €	1.700,00 €	1.700,00 €
Provisionsstaffel (ab 5 T€ 10%, ab 8 T€ 20% auf Umsatz > 5 T€)		0%	0%	10%	20%	20%
Provision		- €	- €	200,00 €	754,77 €	1.100,00 €
BruttoGesamtLohn		- 1.700,00 €	- 1.700,00 €	- 1.900,00 €	- 2.454,77 €	- 2.800,00 €
Sozialabgaben	20%	- 340,00 €	- 340,00 €	- 380,00 €	- 490,95 €	- 560,00 €
zusätzliche Fixkosten für die Mitarbeiterin	400,00 €	- 400,00 €	- 400,00 €	- 400,00 €	- 400,00 €	- 400,00 €
Deckungsbeitrag 2 pro Monat		553,80 €	694,84 €	1.534,71 €	1.636,29 €	2.169,41 €
Brutto Umsatzziel pro Tag Gesamt		266,43 €	284,62 €	400,00 €	501,36 €	600,00 €
Brutto Umsatzziel pro Tag Behandlungen (DL)		215,00 €	220,00 €	280,00 €	305,00 €	360,00 €
Brutto Umsatzziel pro Tag Verkauf (VK)		51,43 €	64,62 €	120,00 €	196,36 €	240,00 €

Stellen Sie sich vor, Sie beteiligen Ihre Mitarbeiterin am Erfolg und finden dadurch eine unmittelbare Möglichkeit, zu motivieren. Sie tragen wieder in die Tabelle die Grunddaten, wie effektive Behandlungstage pro Monat, mit 17,5 Tage, die Behandlungspreise und die Anzahl der geplanten Behandlungen ein. Aus den Anteilen für Dienstleistungs- und Warenumsatz und Anteil der Kabinenware (Sie kennen diese Zahlen schon aus den vorherigen Tabellen) errechnet das System die jeweiligen Umsatzerlöse. Sie erkennen weiterhin, dass Sie fünf Spalten zum Vergleich von 5 Alternativberechnungen zur Verfügung haben.

Als Bruttolohn tragen wir jetzt ein Fixum ein. Wir schlagen einen Monatsbetrag von 1.700 Euro vor. Fixum bedeutet hier, dass dieses Gehalt als Mindestgehalt für die Mitarbeiterin sozusagen umsatzunabhängig garantiert ist.

Die Bonusstaffel ist so gewählt, dass bis zu einem Monatsumsatz von gesamt 5.000 Euro es keine Provision gibt. Ab 5.000 Euro bis 7.999 Euro werden 10 % und ab 8000 Euro Monatsumsatz werden 20 % von dem Mehrumsatz (über 5.000 Euro; z. B. bei 8.773,86 Euro (in Spalte 4 der Tabelle) sind es somit 3.773,86 Euro Mehrumsatz, hiervon 20 % Provision gleich 754,77 Euro) zusätzlich zum monatlichen Fixum ausgeschüttet!

Sie lesen aus Ihrer Kalkulation beispielsweise ab, dass bei 4 Gesichtspflegen, einer Fußpflege und einem Nageldesign am Tag Ihre Angestellte tatsächlich mehr als 2.400 Euro verdienen kann und wird. Für den Fall, dass Ihre Kosmetikerin nachlassen sollte, so zahlen Sie die 1.700 Brutto zzgl. Nebenkosten.

Die Diskussionen, ob eine Provisionierung mehr motiviert oder nicht, kenne ich seit vielen Jahren. Idealerweise arbeitet eine Mitarbeiterin mit, weil es sinnvoll ist. Angesichts des Umstandes, dass das mittlere Einkommen für angestellte Kosmetikerinnen die besagten 1.700 Euro monatlich betragen, ist in unserem Modell nur das Gehaltsplus vorgesehen.

Eine wirtschaftlich denkende und arbeitende Kosmetikerin kann unmöglich auf den Erlös aus dem Verkauf und dem Gesamtumsatz verzichten. Es geht wirklich um das Wesentliche. Da macht es aus meiner Sicht Sinn, die angestellte Kollegin sinnvoll und angemessen zu beteiligen. Der erwünschte Nebeneffekt ist auch dieser, dass eine eingeführte Provisionierung sozusagen auch einen Gewöhnungseffekt bringt. Ihre Mitarbeiterin wird bestrebt sein, ihren Lebensstandard so gut es geht zu halten. Motivatorisch machen Sie aus einer angestellten Kosmetikerin eine Kosmetikerin mit positivem unternehmerischen Risikos. Das Fixum ist ein Auffangnetz, und die Provision nach oben hin offen.

Was ist eine »Amortisation«?

Die sogenannte Amortisation greift nur bei Investitionen. Hier wird untersucht, wie lange es voraussichtlich dauern wird, bis der kumulierte Gewinn bzw. der kumulierte Deckungsbeitrag die Höhe der Investitionskosten erreicht haben wird. Ein Beispiel finden Sie in der nachfolgenden Tabelle:

Amortisationsrechnung

Anschaffungskosten	
Nettopreis	6.000,00 €
Transport/Montage	- €
Schulungsgebühren	- €
Schulungszeit	600,00 €
Reisekosten	400,00 €
Gesamtanschaffung	7.000,00 €

Umsatz pro Monat	
Anzahl Behandlungen	20
Bruttoumsatz/Behandlung	78,00 €
Intervall in Minuten	60
MwSt.-Satz	19%
Nettoumsatz/Behandlung	65,55 €
Nettoumsatz pro Monat	1.310,92 €

möglicher Umsatzverzicht durch Ersatz von Angeboten/Dienstleistungen	
Anzahl Behandlungen	0
Bruttoumsatz/Behandlung	
MwSt.-Satz	19%
Nettoumsatz/Behandlung	- €
Nettoumsatzverzicht pro Monat	- €

Fixkosten	
FixKosten pro Arbeitsstunde	17,64 €
Fixkosten multipliziert mit der Anzahl der Behandlungen	- 352,80 €

Personalkosten	
Personalkosten pro Stunde	17,43 €
Personalkosten multipliziert mit der Anzahl der Behandlungen	- 348,60 €

Materialkosten	
Materialkosten pro Behandlung	5,00 €
Summe Materialkosten multipliziert mit Anzahl der Behandl.	- 100,00 €

Nettoumsatz pro Monat	1.310,92 €
Nettoumsatzverzicht pro Monat	- €
Fixkosten	- 352,80 €
Personalkosten	- 348,60 €
Summe Materialkosten	- 100,00 €
Deckungsbeitrag monatlich	**509,52 €**

Investition	7.000,00 €		
Monat	Deckungsbeitrag	Kumuliert	Vorfinanziert
1	509,52 €	509,52 €	- 6.490,48 €
2	509,52 €	1.019,05 €	- 5.980,95 €
3	509,52 €	1.528,57 €	- 5.471,43 €
4	509,52 €	2.038,10 €	- 4.961,90 €
5	509,52 €	2.547,62 €	- 4.452,38 €
6	509,52 €	3.057,15 €	- 3.942,85 €
7	509,52 €	3.566,67 €	- 3.433,33 €
8	509,52 €	4.076,19 €	- 2.923,81 €
9	509,52 €	4.585,72 €	- 2.414,28 €
10	509,52 €	5.095,24 €	- 1.904,76 €
11	509,52 €	5.604,77 €	- 1.395,23 €
12	509,52 €	6.114,29 €	- 885,71 €
13	509,52 €	6.623,82 €	- 376,18 €
14	509,52 €	7.133,34 €	133,34 €
15	509,52 €	7.642,87 €	642,87 €
16	509,52 €	8.152,39 €	1.152,39 €
17	509,52 €	8.661,91 €	1.661,91 €
18	509,52 €	9.171,44 €	2.171,44 €
19	509,52 €	9.680,96 €	2.680,96 €
20	509,52 €	10.190,49 €	3.190,49 €
21	509,52 €	10.700,01 €	3.700,01 €
22	509,52 €	11.209,54 €	4.209,54 €
23	509,52 €	11.719,06 €	4.719,06 €
24	509,52 €	12.228,58 €	5.228,58 €

Sie schaffen sich ein Gerät für Ihre Behandlungskabine an. Ihre Investitionssumme beträgt insgesamt netto 7.000 Euro. Um jetzt die Frage beantworten zu können, ob sich eine solche Anschaffung für Sie speziell lohnen wird, sollten Sie die voraussichtliche Anwendungsmenge pro Monat und den Behandlungspreis in die Tabelle eintragen.

Hieraus ergibt sich ein Nettoumsatz pro Monat, von dem logischerweise alle dem Gerät zuzuordnenden Ausgaben in Abzug zu bringen sind. Wir nehmen also eine klassische Deckungsbeitragsrechnung vor.

Denken Sie sich das Beispiel, dass Sie Einzelkämpferin sind und bisher Ihre Zeit gut ausgelastet haben. Sie haben den ganzen Tag über in Ihrem Institut Kundinnen, die für Ihre Arbeit bezahlen. Und nun planen Sie eine neue Methode ein, z. B. eine Microdermabrasion, die Ihre Behandlungszeiten für die Gesichtsbehandlung um mindestens 45 Minuten verlängert. In dieser Zeit können Sie vormalige Behandlungen nicht mehr durchführen und abrechnen! Hierfür sind die Zeilen »möglicher Umsatzverzicht ...« angedacht. Dies bedeutet, dass Ihre neue Behandlungsform diesen Umsatzausfall wieder *hereinspielen* muss.

Nach Abzug der Fixkosten, Personalkosten und Materialkosten erhalten Sie (unten rechts) den Deckungsbeitrag für einen Monat.

Dieser Betrag wird nunmehr in die vorstehende Amortisationstabelle als monatlicher Deckungsbeitrag übernommen. Die monatlichen Beträge werden kumuliert und in der letzten Spalte wird der Investitionsbetrag jeden Monat um diesen monatlichen Deckungsbeitrag reduziert.

In unserem Beispiel hat sich das Gerät samt Einarbeitungskosten bereits nach 14 Monaten amortisiert. 14 Monate sind ein Spitzenwert! Grundsätzlich gibt es keinen schlechten oder guten Monats- oder Jahreswert bei der Amortisation. Mein Tipp ist hier: Alles unter 24 Monaten Amortisationsdauer ist für die Kosmetikerin klasse.

Die Break-even-Analyse

Während wir gerade noch die Amortisation besprochen haben, um mögliche Investitionen auf ihre Wirtschaftlichkeit hin zu untersuchen, können wir dies auch für den gesamten Betrieb mit allen Ein- und Ausgaben untersuchen. Denn die spannende Frage ist ja: Ab wann lohnt sich eigentlich die Arbeit als Selbstständige? Ab wie viel Arbeitseinsatz (in Stunden) schreibt das Unternehmen Gewinne (pro Monat)?

Stellen Sie sich vor, da gäbe es eine Kosmetikerin, die ausschließlich zu Fuß ihre Kundinnen besuchen würde. Daher benötigt sie weder Betriebsräume noch eine Einrichtung oder Geräteausstattung. Und die Produkte, die sie bei der Kundin verwenden möchte, lässt sie von der Kundin vorab besorgen, so dass sie weder einen Wareneinkauf noch einen Warenverkauf organisieren und bilanzieren müsste.

Für diese Kollegin ist die Betriebswirtschaft ruck, zuck überschaubar. Wenn diese Dame arbeitet, dann möchte sie einen Stundenlohn erhalten, um ihre Lebenshaltungskosten damit zu decken. Die Lebenshaltungskosten hat sie immer, ob sie arbeitet oder nicht arbeitet. Und sollte sie einmal nicht arbeiten, so kostet ihre Selbstständigkeit erst einmal nichts!

Diese Dame kann dann Geld zurücklegen, wenn sie mehr Geld durch ihre Arbeit verdient, als sie an Lebenshaltungskosten ausgeben muss. Würde diese Dame eine Break-even-Analyse durchführen, so könnte sie genauestens vorausberechnen, wie viel Stunden sie im Monat arbeiten muss, damit sie Geld sparen kann (in die Gewinnzone kommt). Lebt sie bescheiden von 800 Euro im Monat und käme damit hin und würde diese Dame einen Stundenlohn von 20 Euro berechnen wollen, so müsste sie die 800 Euro Unternehmerlohn durch 20 Euro Stundenlohn einfach teilen, und sie bräuchte lediglich 40 Stunden im Monat bezahlterweise zu arbeiten. (Keine Sorge, die Einkommenssteuer ist extrem niedrig und zu vernachlässigen und die Krankenkasse entfällt, weil sie noch über ihren Ehemann mitversichert ist.)

Wenn wir unter normaleren Umständen eine solche Analyse durchführen wollen, so müssen wir einige Parameter zusätzlich berücksichtigen.

Break Even Anlayse				
MwSt.-Satz				
19%	Beh. 1	Beh. 2	Beh. 3	Verkauf
Anzahl pro Tag	2	1	1	2
Intervall in Minuten	60	90	60	0
Einzel-Brutto-Verkaufspreis	60,00 €	99,00 €	30,00 €	60,00 €
variable Netto-Kosten pro Beh.	9,00 €	15,00 €	3,00 €	
Brutto-Gesamt	120,00 €	99,00 €	30,00 €	120,00 €
enthaltene MwSt.	- 19,16 €	- 15,81 €	- 4,79 €	- 19,16 €
Variable Kosten Gesamt	- 18,00 €	- 15,00 €	- 3,00 €	- €
Einkauf				- 60,00 €
Brutto Umsatz gesamt pro Tag				369,00 €
Netto Umsatz gesamt pro Tag				310,08 €
Stundenzahl				4,50
Brutto Umsatz pro Std.				82,00 €
Netto Umsatz pro Std.				68,91 €
Materialkosten netto gesamt				96,00 €
Materialkostenquote				31,0%
Rohertrag netto pro Stunde				47,57 €
Durchschnittliche Variable Kosten pro Behandlung				21,33 €
FixKosten monatlich				2.470,00 €
UnternehmerLohn				3.505,00 €
Fixkosten incl UnternehmerLohn				5.975,00 €
Break Even			benötigte Behandlungs-Std. pro Monat	126
			NettoUmsatz	8.654,32 €
			BruttoUmsatz	10.298,64 €

Das Erste, was wir für unsere Analyse benötigen, ist der Nettoumsatz pro Stunde, der zum einen die Dauer der Anwendungen berücksichtigen und zum anderen den Warenverkauf integrieren muss.

In unserer Tabelle stehen drei Behandlungstypen und eine Spalte für den Verkauf zur Auswahl. In die jeweils grauen Felder geben Sie Ihre Parameter ein. Zu allererst definieren Sie, wie viele Behandlungen Sie am Tag, z. B. *Gesichtsbehandlungen* (Typ 1), durchführen wollen oder können. Anschließend legen Sie das Behandlungsintervall in Minuten und den Bruttoverkaufspreis (inkl. MwSt.) fest. Die Höhe der Mehrwertsteuer wird für die ganze Tabelle nur ein einziges Mal eingegeben, und zum Abschluss der Festlegung des Behandlungstypen 1 (in unserem Beispiel die Gesichtsbehandlung) tragen Sie jetzt noch die Nettokosten für diese Gesichtsbehandlung ein.

Variable Kosten ermitteln

Zu jedem Behandlungsangebot erstellen Sie bitte eine Übersicht, was Sie in welcher Menge für diese Behandlung benötigen. Das ist nahezu das Gleiche, wie eine Zutatenliste, wenn Sie backen wollen. Alles, was Sie benötigen, erfassen Sie bitte.

Variable Kostenermittlung					
Name der Behandlung:	Gesichtsbehandlung mit Skin Peeler				
Bruttopreis der Behandlung	60,00 €	MwSt.-Satz	19%	Nettopreis	50,42 €
Verbrauchsmaterial	NettoEinkau	Volumen in ml	Verbrauch pro Beh. in ml	Reichweite in Behandlungen	Nettokosten pro Behandlung
Kristialle für SkinPeeler	16,00 €	1000	150	6,7	2,40 €
Reinigungslotion	15,00 €	500	8	62,5	0,24 €
Peeling Maske	50,00 €	250	10	25,00	2,00 €
Tagescreme	84,00 €	150	6	25	3,36 €
div. Verbrauchsmaterial	1,00 €	1	1	1	1,00 €
Gesamte Variable Kosten				Netto	9,00 €
				Anteil in %	17,9%

Damit das Ganze anschließend geordneter aussieht, nehmen Sie diese kleine Tabelle zu Hilfe und tragen Sie zur besseren Orientierung neben dem Behandlungsnamen auch noch die Daten für den Verkaufspreis und Ihren Mehrwertsteuer-Satz mit ein. In der Tabelle selber erfassen Sie bitte nun das verwendete Verbrauchsmaterial mit dem jeweiligen Namen, dem Nettoeinkaufspreis und – ganz wichtig zur Ermittlung der Kosten pro Behandlung –, wie viel Produkt ist in der Verbrauchsverpackung und wie viel benötigen Sie im Durchschnitt für diese eine Behandlung?

Hieraus errechnet sich diese Tabellenkalkulation die sogenannte Reichweite, also wie oft Sie mit dieser Verpackungseinheit diese Behandlung machen können, und die Nettokosten für diesen Behandlungstyp.

Mit dem Ergebnis fahren wir mit der Eingabe in die Break-even-Berechnung fort. Als Nettokosten nehmen wir in unserem Beispiel die neun Euro in die Tabelle auf.

Break Even Anlayse				
MwSt.-Satz				
19%	Beh. 1	Beh. 2	Beh. 3	Verkauf
Anzahl pro Tag	2	1	1	2
Intervall in Minuten	60	90	60	0
Einzel-Brutto-Verkaufspreis	60,00 €	99,00 €	30,00 €	60,00 €
variable Netto-Kosten pro Beh.	9,00 €	15,00 €	3,00 €	
Brutto-Gesamt	120,00 €	99,00 €	30,00 €	120,00 €
enthaltene MwSt.	- 19,16 €	- 15,81 €	- 4,79 €	- 19,16 €
Variable Kosten Gesamt	- 18,00 €	- 15,00 €	- 3,00 €	- €
Einkauf				- 60,00 €
Brutto Umsatz gesamt pro Tag				369,00 €
Netto Umsatz gesamt pro Tag				310,08 €
Stundenzahl				4,50
Brutto Umsatz pro Std.				82,00 €
Netto Umsatz pro Std.				68,91 €
Materialkosten netto gesamt				96,00 €
Materialkostenquote				31,0%
Rohertrag netto pro Stunde				47,57 €
Durchschnittliche Variable Kosten pro Behandlung				21,33 €
FixKosten monatlich				2.470,00 €
UnternehmerLohn				3.505,00 €
Fixkosten incl UnternehmerLohn				5.975,00 €
Break Even			benötigte Behandlungs-Std. pro Monat	126
			NettoUmsatz	8.654,32 €
			BruttoUmsatz	10.298,64 €

Bei dem Behandlungstyp 2 nehmen wir eine etwas aufwendigere Behandlung in unsere Kalkulation mit auf. Hier ist der feine, aber wichtige Unterschied, die Behandlungszeit von 90 Minuten zu beachten. Zwar wird auch hier der

Bruttoumsatz von 99 Euro komplett in die Bruttoumsatz-Gesamtsumme hineingerechnet, aber um anschließend den Bruttoumsatz pro Stunde errechnen zu können, wird die Tabellenkalkulation den Bruttoverkaufspreis durch 90 Minuten Behandlungsdauer teilen, um ihn dann mit 60 Minuten zu multiplizieren. Der Effekt ist der, dass wir einen echten Stundensatz erhalten.

In unserem Beispiel ist der dritte Behandlungstyp eine Fußpflege, die allesamt 60 Minuten Zeit für die Vorbereitung, Pflege und Nachsorge benötigt. Der Verkaufspreis ist hier mit 30 Euro angesetzt und die variablen Kosten – also das Verbrauchsmaterial – wird mit drei Euro errechnet und eingesetzt.

Die letzte Eingabe betrifft die Produkte für die Kundin zuhause. Noch kann die Kosmetikerin nicht so gut verkaufen, deshalb setzt sie zwei Produkte mit jeweils 60 Euro Bruttopreis in die Tabelle mit ein. Der Nettoeinkaufspreis ergibt sich aus der bereits mehrfach erwähnten 100er Kalkulation, das ist das Verhältnis zwischen Nettoeinkaufspreis und Bruttoverkaufspreis. Somit sind 50 % vom Brutto-Verkaufspreis der Netto-Einkaufspreis. Das Zeitintervall beim Verkauf von Waren setzen wir hier mit 0 Minuten pro Verkaufsgespräch an, weil es kurz und einfach geführt wird.

Grundsätzlich ist hier klarzustellen, dass diese Tabelle zum Ziel hat, einen durchschnittlichen Nettoumsatz pro Stunde zu ermitteln. Je mehr echte Behandlungszahlen zu den unterschiedlichsten Behandlungstypen Sie hier eingeben, desto genauer kann der durchschnittliche Umsatz ermittelt werden. Sie geben hier die Arbeit eines normalen Tages ein.

Die Kalkulation nimmt jetzt alle variablen Kosten – die Materialkosten – inklusive die Kosten zum Einkauf Ihrer Verkaufsware und bildet eine Summe, die in Relation zum Gesamtnettoumsatz als Materialkostenquote (in unserem Beispiel 31 Prozent) ausgegeben wird.

Somit werden von dem Nettoumsatz pro Stunde 31 Prozent als durchschnittliche variable Kosten pro Behandlung abgezogen, und der Rohertrag pro Stunde (Nettoumsatz pro Stunde – variable Kosten pro Stunde) wird in unserem Beispiel angezeigt. Diesen Rohertrag brauchen wir später in dieser Tabellenkalkulation, um die Anzahl der nötigen Behandlungen (bzw. die Anzahl der nötigen Behandlungsstunden) zu ermitteln.

Die Fixkosten inklusive Unternehmerlohn sind ja bekanntlich die Kosten, die Sie immer haben, selbst dann, wenn Sie gar nicht arbeiten würden! Stellen Sie sich vor, Sie sind krank, dann haben Sie immer noch annähernd die gleichen Fixkosten.

Nimmt man die Fixkosten inklusive Unternehmerlohn und teilt diese durch den gerade ermittelten Rohertrag, so kommen Sie auf die Anzahl der nötigen Behandlungen (auf 60 Minuten hochgerechnet, also Behandlungsstunden), die Sie erbringen müssen, um Ihre Fixkosten sozusagen reinholen zu können. In unserem Beispiel muss die Kollegin mindestens 126 Behandlungsstunden arbeiten, um mit +/– null, dies bedeutet ohne Verluste, im Monat arbeiten zu können! Das entspricht in unserem oben aufgeführten Beispiel einem Brutto-Monatsumsatz in Höhe von runden 10.300 Euro netto.

Betrachten Sie einmal in der Tabelle, wie sich die Situation in Abhängigkeit zu den Behandlungsstunden verändert.

Der Nettoumsatz pro Stunde, in unserem Beispiel 68,91 Euro, wird mit der Behandlungszahl (in Stunden) multipliziert. Warum? Nun, weil dieser Umsatz nur dann zustande kommt, wenn auch die entsprechenden Stunden produktiv gearbeitet werden. Produktiv bedeutet hier, dass diese Arbeitszeit verkauft werden kann und bezahlt wird!

Anders sieht es bei den Gesamtkosten aus! Da die Fixkosten (inkl. Unternehmerlohn) selbst bei null Stunden Arbeit bereits 5.975 Euro betragen, stehen hier diesen Gesamtkosten keine Einnahmen gegenüber. Oder mit anderen Worten: Diese Fixkosten sind immer Teil Ihrer Gesamtkosten, nahezu unabhängig davon, ob und wie viel Sie arbeiten!

Pro Behandlung kommen zu den Fixkosten jetzt die variablen Kosten pro Behandlungsstunde, in unserem Beispiel in Höhe von 21,33 Euro, hinzu. Also bei zehn Behandlungen stehen den Einnahmen in Höhe von zehnmal 68,91

Produktive Stunden pro Monat	NettoUmsatz	Gesamtkosten
0	- €	5.975,00 €
10	689,08 €	6.188,33 €
20	1.378,15 €	6.401,67 €
30	2.067,23 €	6.615,00 €
40	2.756,30 €	6.828,33 €
50	3.445,38 €	7.041,67 €
60	4.134,45 €	7.255,00 €
70	4.823,53 €	7.468,33 €
80	5.512,61 €	7.681,67 €
90	6.201,68 €	7.895,00 €
100	6.890,76 €	8.108,33 €
110	7.579,83 €	8.321,67 €
120	8.268,91 €	8.535,00 €
130	8.957,98 €	8.748,33 €
140	9.647,06 €	8.961,67 €
150	10.336,13 €	9.175,00 €
160	11.025,21 €	9.388,33 €
170	11.714,29 €	9.601,67 €
180	12.403,36 €	9.815,00 €
190	13.092,44 €	10.028,33 €
200	13.781,51 €	10.241,67 €

Ausgaben in Höhe von den Fixkosten 5.170 Euro *zzgl.* zehnmal 21,33 Euro, also 5.383,30 Euro, gegenüber.

Erst ab unserem Break-even-Point von 126 Behandlungen sind die Einnahmen gleich den Ausgaben. Während die Einnahmen mit jeder Behandlungsstunde um 68,91 wachsen, wachsen die Ausgaben lediglich mit jeder weiteren Behandlungsstunde nur um 21,33 Euro. Unten sehen Sie ein Diagramm, in dem die erste Kurve die Entwicklung des Nettoumsatzes in Abhängigkeit der Behandlungsstunden zeigt (auch Geraden benennt der Mathematiker als Kurven) und die zweite Kurve die Entwicklung der Kostenseite ebenfalls in Abhängigkeit der Behandlungsstunden.

Die Kurve der Gesamtkosten ist deutlich flacher (21,33 Euro je Behandlung) als die Kurve der Nettoeinnahmen (68,91 Euro pro Behandlung). Ab der 126. monatlichen Behandlungsstunde erreichen wir in unserem Beispiel in der Tabelle den grünen Bereich! Die blaue Kurve steht für die Gesamtkosten und die grüne Kurve für die Nettoeinnahmen.

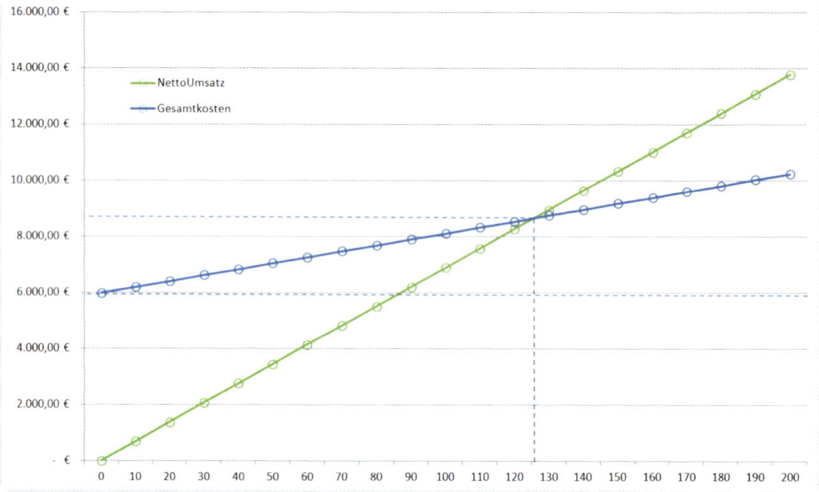

Während die Nettoeinnahmen, wie oben bereits erwähnt, bei null Euro beginnen, startet die blaue Gesamtausgaben-Kurve bei 5.170 Euro.

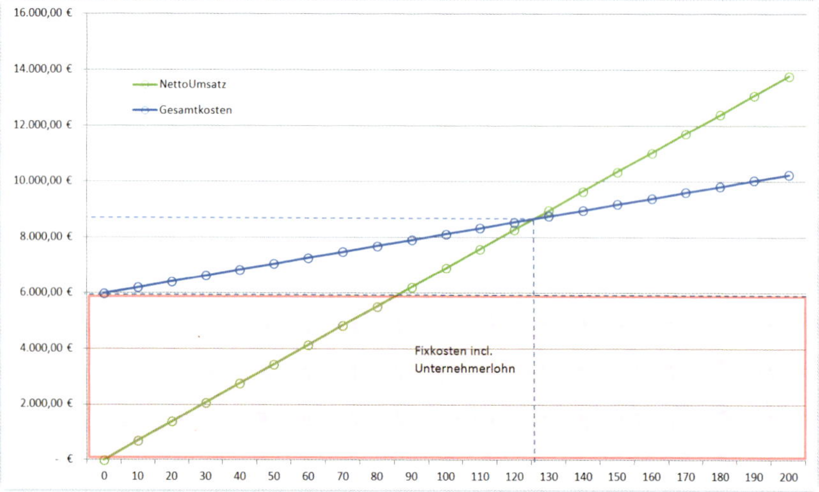

Diesen Bereich haben wir in der zweiten Diagramm-Grafik mit einem roten Balken sozusagen als *Sockel* markiert. Erinnern Sie sich? Diesen Betrag können

Sie nicht wesentlich verkleinern! Der bleibt als fester Betrag stehen. Oben auf diesen Sockel kommen jetzt mit der blauen Kurve die variablen Kosten pro Behandlungsstunde hinzu!

In der nächsten Grafik markieren wir die variablen Kosten zum besseren Verständnis:

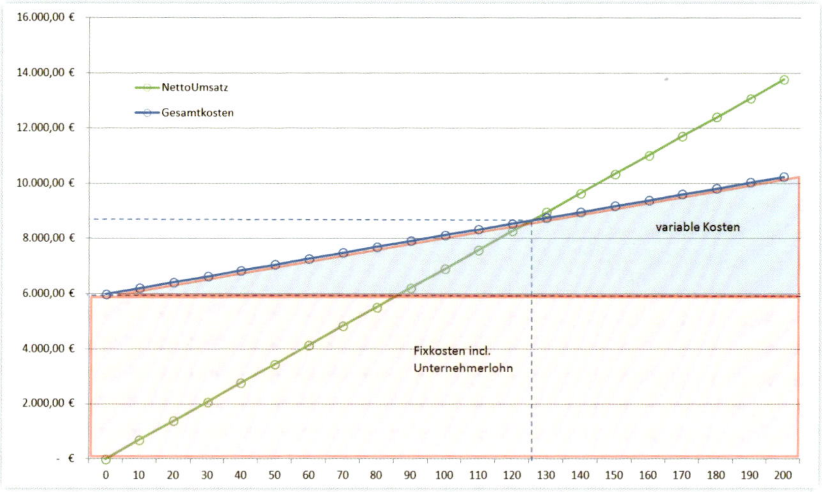

Dieses sich ergebende Dreieck, gebildet aus der Oberkante der Fixkosten (inkl. Unternehmerlohn) und der blauen Kurve für die variablen Kosten pro Behandlungsstunde, zeigt Ihnen die Entwicklung Ihrer Gesamtkosten für die Verbrauchsmaterialien (variable Kosten) an.

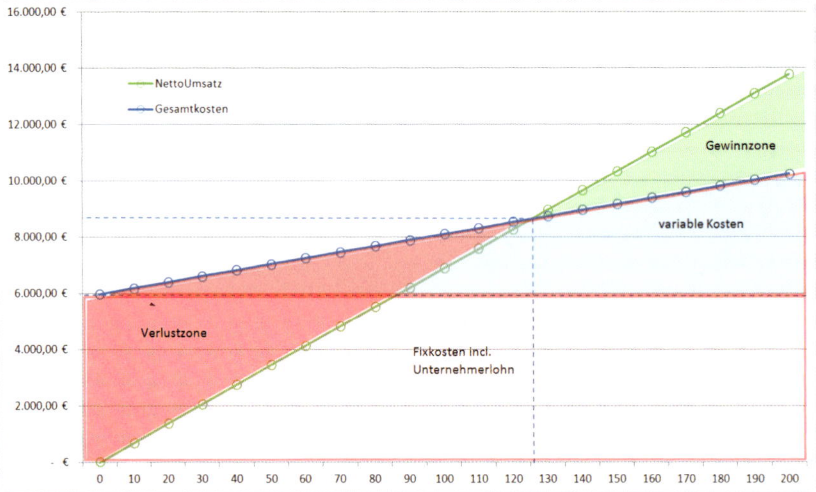

Da, wo sich beide Dreiecke spitz treffen, beschreiben wir diesen Punkt als Break-even-Point.

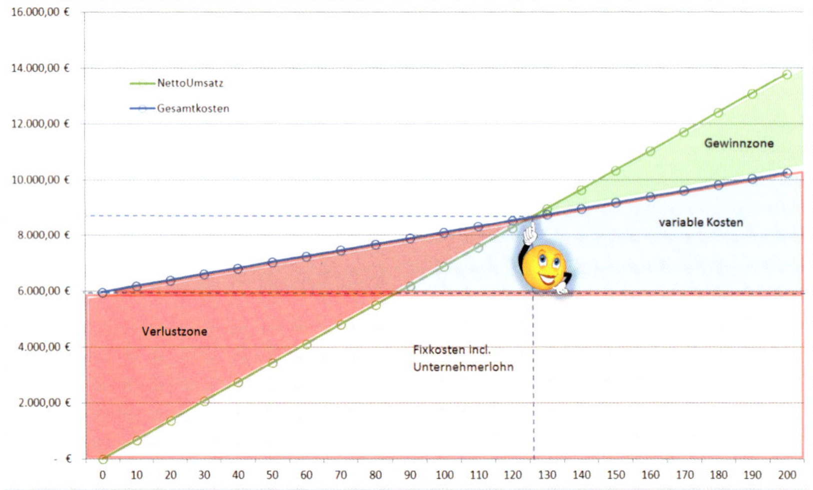

Jenen Punkt also, den wir weiter oben berechnet und den wir hier nun grafisch dargestellt haben. Genau hier (in unserem Beispiel bei 126 Behandlungen monatlich) hört der mögliche Verlust auf und der Gewinn bzw. die Gewinnzone beginnt und weitet sich aus. Oder anders formuliert: In der vorhandenen Kostensituation ist ein wirtschaftliches Arbeiten erst ab der 126. Behandlung im Monat möglich!

Liebe Leserinnen und Leser, wir hoffen sehr, dass Ihnen dieses Buch ein gutes Stück weiterhelfen wird, Ihren Erfolg zu erreichen.

Die erfolgreiche Kosmetikerin unterscheidet sich nur ein wenig von der nicht erfolgreichen Kosmetikerin. Die erfolgreiche eignet sich Wissen weit über die eigentliche handwerkliche Ausbildung an. Vielleicht auch schon mit diesem Buch? ... Und sie besucht regelmäßig Seminare. Das ist sicher.

Ihnen allen auf Ihrem erfolgreichen Weg alles Gute,
Ihr Paul Reinhold Linn und Ihr Dominik Bauermeister

Literaturverzeichnis

- Linn, Paul Reinhold: Faszination Kosmetik I, Bergisch Gladbach, Linn Seminare, 2006

Bildnachweis

Titelbilder: Geschäftsfrau im Vordergrund: © Yuri Arcurs - fotolia.com
Kosmetikbehandlung: © Gennadiy Poznyakov - fotolia.com
Keine Macht den Proben: Kombiniert © Sweet Lana und © styleuneed - Fotolia
Das Universum und ich ..., © Kerstin Schlereth
Kosmetikerin im Verkauf, © Sabine Igelbrink
Walk of fame, © Sabine Igelbrink
Anti-Aging-Spezialistin, © Annemarie Wolfsteiner
Geheimtipp-düren.de, © Elke Pahrmann
Körperkult, © Ingrid Janitschek
Finanzamt, © Gina Sanders – Fotolia.com
Wilhelm Busch, © stboy – Fotolia.com
Zieleinlauf, © jameschipper – Fotolia.com

Eingetragene Markenzeichen

Beauty-Angel® ist ein Markenzeichen der JK-Beauty Systems GmbH
Dermionologie® ist ein Markenzeichen der Weyergans High Care AG
Reviderm® ist ein Markenzeichen der Reviderm AG
Web-to-date® und Shop-to-date® sind Markenzeichen der Data-Becker GmbH & Co. KG

Weiterführende Seminaranbieter

Linn Seminare, Bergisch Gladbach
DKZ marketing + schulung, Dresden
Reviderm-Akademie, Oberhaching
Weyergans High Care-Akademie, Düren
Becademy, Oberhaching

Impressum

Paul Reinhold Linn | Dominik Bauermeister (Hrsg.)

Faszination Kosmetik II. Keine Kundin kommt zu Ihnen, um zu sparen!
Perfektes Verkaufen – praktisches Marketing – verständliche Betriebswirtschaft

1. Auflage 2013
ISBN 978-3-00-033984-4

Internet: www.linn-seminare.de

Verlag: Linn Seminare, D-51467 Bergisch Gladbach
Grafiken: Monika Linn, D-51467 Bergisch Gladbach
Satz und Layout: found-media.de, D-53804 Much
Lektorat & Textkorrektur: Umbruch – Karin Bergmann, D-50937 Köln